书于竹帛

中国书写制度与文化传承

武斌——著

内蒙古人民出版社

图书在版编目（CIP）数据

书于竹帛：中国书写制度与文化传承／武斌著. --
呼和浩特：内蒙古人民出版社，2025.5
（走进中华优秀传统文化）
ISBN 978-7-204-17744-8

Ⅰ.①书… Ⅱ.①武… Ⅲ.①简（考古）-中国②帛书-
中国 Ⅳ.①K877.5②K877.9

中国国家版本馆 CIP 数据核字（2023）第 194434 号

走进中华优秀传统文化
书于竹帛——中国书写制度与文化传承

作　　者	武　斌
策划编辑	周承英　张桂梅
责任编辑	贺鹏举　刘　阳
封面设计	琥珀视觉
出版发行	内蒙古人民出版社
地　　址	呼和浩特市新城区中山东路 8 号波士名人国际 B 座 5 楼
印　　刷	内蒙古爱信达教育印务有限责任公司
开　　本	710mm×1000mm　1/16
印　　张	13
字　　数	200 千
版　　次	2025 年 5 月第 1 版
印　　次	2025 年 5 月第 1 次印刷
书　　号	ISBN 978-7-204-17744-8
定　　价	88.00 元

图书营销部联系电话：(0471)3946278
如发现印装质量问题，请与我社联系。联系电话：(0471)3946120

CONTENTS **目 录**

前　言

一

中华传统文化延绵不绝、生生不息。在世界各文明古国中，中国是唯一延续最长的、未曾中断的文明古国。中国文化经历数千年而持续不断，没有其他文化中频繁出现的"中绝"现象，这在世界文化史上是极为罕见的。《二十四史》将几千年的政治、经济、军事、文化等活动以及各代历史人物的事迹，赓续不断地记载下来，这在世界上的确是绝无仅有的。

中华文化生生不息，绵延不绝，源自中华文化本身强大的生命力。

另一方面，中华传统文化在其产生和发展的过程中，一直存在着注重其传承的自觉意识，也具有完善的文化传承的机制。文化传承的本来意义是对以往文化创造和发展的"记忆"。人类与其他动物的根本区别，就在于人类是"记忆动物"，"能够继承过往时代积淀下来的文化遗产。"[1] 人的文化记忆不是天生的，而是一代一代相传的。在人类文明的草创时期，这种文化传承就已经有了比较自觉的行为。历史学家李定一说："在文字没有被发明以前，人类用语言相互表达心意，同时也将他们对大自然变化的印象以及求生存的经验辗转相传，世世代代传下去。这种口口相传的经验，日积月累，经验越多，知识日益增加，人类也日益进步。能够多方搜求并累积前人的知识，甚而进一步发现新的求生存的知识，是人类能够从草木榛榛，日夜都要应对大自然

---

[1]　冯天瑜：《中华元典精神》，上海人民出版社1994年版，第8页。

的变化以及与毒蛇猛兽搏斗的原始状态中走出来，逐渐改善生存条件的主要原因。十个口，便是'古'，在文字被发明以前的'古'代，即是口口相传的时代。"[1]

对于中华传统文化传承来说，文字的发明具有特别重要的意义。钱穆先生说："中国文字实在是具备着'简易'和'稳定'的两个条件的，这一点不能不说是中国文化史上一种大成功，一种代表中国特征的艺术性的成功，即以'简单的驾驭繁复'，以'空灵的象征具体'的艺术之成功。要明白中国文化之所以能扩大在广大的地面上，维持至悠久的时间，中国文字之特性与其功能，亦是很重要的一个因素。"[2]

汉字是中华文化的载体和传播工具。汉字汉语从古至今一直是中国通用的最主要的交际工具，是中华民族的文化心理认同的主要表征。在几千年的文化传承中，汉字汉语形成了自己特殊的文化意味，深深地渗透着中国文化的基本精神。

对于中华传统文化传承来说，汉字的发明具有特别重要的意义。白寿彝先生主编的《中国通史》提出的判断文明连续性的两个标准之一，就包括语言文字发展的连续性。汉字是中华民族文化认同的主要载体，也是文化传承的主要载体。汉字是人类目前唯一超越时代、超越方言的文字。悠久的岁月虽然让古今读音变化，但字形字义却相对稳定。一代一代人的文化创造，一代又一代的经典文献，都是通过汉字这一载体而绵延不绝。由于汉字的使用，人们在时光流逝了两千多年之后尚能阅读儒家经典。

有了文字，就有了书写，就有了用文字记录人们文化记忆的条件。在春秋战国时代，出现了中国历史上最早的一批书籍，比如《尚书》《诗经》《易经》《礼记》《春秋》等，即后世广为推崇的"五经"以及其他典籍。冯天瑜先

---

[1] 李定一：《中华史纲》，中国长安出版社 2012 年版，第 3 页。
[2] 钱穆：《中国文化史导论》，商务印书馆 1994 年版，第 91 页。

生将这批书籍称之为中华民族文化的"元典"。他指出："这些典籍成书久远，又经由众手修订、筛选，虽然文字简约，却保存了大量社会史、思想史的原始材料，蕴含丰富，珍藏着各民族跨入文明门槛前后所积淀的精神财富，其间既保有氏族制时代原始民主及原始思维的遗存，又陈列着初级文明时代的社会风俗、历史事件、典章制度与观念形态。以后在特定的历史条件下，这些抽象的与具象的精神财富逐渐得到社会崇奉，并通过不断的多角度诠释，其意义被发掘，被阐扬，以至达到出神入化境地。"[1]

这些被称为"元典"的文化典籍具有巨大的文化传承和教化功能。《礼记·经解》说："入其国，其教可知也。其为人也，温柔敦厚，《诗》教也；疏通知远，《书》教也；广博易良，《乐》教也；洁静精微，《易》教也；恭俭庄敬，《礼》教也；属辞比事，《春秋》教也。故《诗》之失愚，《书》之失诬，《乐》之失奢，《易》之失贼，《礼》之失烦，《春秋》之失乱。"《礼记》的这段论述，简洁但很明确地说明了诗、书、礼、乐等文化典籍对于文化的教化和传承所起到的重要作用。而自商周时代开始，就有了记述历史的传统，到了汉代，司马迁作《史记》，开创了纪传体史书的先河。不仅如此，还有许多文人笔记、野史、方志、家谱等民间文献，极大地丰富和补充了官方史学。中国历史代代相传，保留着中国几千年的历史记忆，成为中华传统文化传承的重要载体。

历代的文化人著书立说，不断地丰富着中国文化典籍的宝库，为中华文化的传承作出了重要的贡献。

二

文字记载是文化积累和传承、传播经验和知识的主要方式。文字总是要

---

[1] 冯天瑜：《中华元典精神》，上海人民出版社1994年版，第7页。

写刻在一定的材料上。文化积累和传承，首先就是保存这些记录文字的书写材料。在纸未发明以前，人们使用过各种各样的书写材料。我国古代曾先后使用过龟甲、兽骨、金石、竹简、木牍、缣帛等材料书写纪事。在国外，古印度人曾用桦皮和棕榈树叶、古埃及人用莎草、欧洲人用羊皮做书写材料，如此等等。而造纸术的发明，是人类书写纪事材料的一次伟大革命，使人类在此之前使用过的各种书写纪事材料都退出了文明活动的舞台。

造纸术是影响人类文明历史进程的一项伟大发明。纸的推广使用，有力地促进了书籍文献资料的大幅增加和科学文化的进步与传播，极大地促进了文化的繁荣发展。价格昂贵的竹简和缣帛逐渐退出了中国人的书写领域，人们普遍采用纸来记录和书写，古典的书籍文献和文艺作品也用纸重新传抄，能够读到的人越来越多。因而此后不久，就出现了盛唐时代的文化繁荣景象。画家书法家在纸上挥毫泼墨作画，实际上是因为有了纸的使用和普及，才有了中国的绘画艺术和书法艺术的大发展。而僧侣们在纸上抄写佛经，对于佛教的传播具有极大的意义。李白、杜甫等大诗人把诗句写在纸上，供人们广泛传诵。也正是因为纸的广泛应用，促使了雕版印刷术的发明，改变了书籍的形态，使书籍的大量生产和广泛传播成为可能。

所以说，"纸写本是传播人类文明的圣火"。书写材料是文化传播和文明传承的重要载体，这个载体由于变得方便和平民化，所以使文化的普及和在普及基础上的大发展成为可能。

而为迎合书籍普及、文化进步的需求，印刷术应运而生，这亦是中国古代最伟大的发明之一。雕版印刷术和活字印刷术的发明和发展，使人类科学文化知识的传播传承获得了一种崭新的形式，即印刷读物的形式。印刷术的发明，大大提高了书籍的复制速度，有力地推动了科学文化知识的广泛传播和普及，对人类生活各个领域的进步和发展都产生了重大影响。因此，印刷术被誉为"文明之母"，印刷术的发明被看作"人类文明史上的一个里程碑"。

雕版印刷术的发明和应用,改变了书籍的制作生产形式,使书籍的大量生产和广泛传播成为可能,为科学文化知识的广泛传播开辟了广阔的道路,对人类文明的进步和发展产生了极为重要的影响。雕版印刷术发明以后,书籍的刊刻成为一项盛大的文化事业,对于文化的传承与发展具有重大的意义。印刷术的发明根本上改变了图书的流通方式和人们的阅读方式,使阅读不再是少数人的特权,而变成了一种可与大众共享的文化形态。对于文明的发展史来说,这是一个具有重大意义的变化。

宋代是我国雕版印刷事业发展的鼎盛时期。雕版印刷与造纸技术的进步,"使文献的记述和书籍的流通大大便利,扫除了文化发展的技术性障碍,为文化的传播与普及提供了关键性的手段,成为宋代文化大发展的重要条件。前人传抄之书至宋刻印定本,时人著作诗文得以付梓流行,尤其是卷帙浩繁之书的大规模刊印,使有宋一代出现划时代的文艺复兴高潮。"[1]

造纸术和印刷术,是古代中国人具有重大意义的两项发明。从此,人类的书写方式发生了根本性的变化,也因此出现了我们现在所说的"书籍"这种阅读载体。人类文明的发展进入一个大繁荣的阶段。

三

技术的进步为中华文化的发展创造了物质和技术条件。在中国,图书的编纂、书写和刊刻,一直都是国家的事业。早在商周时代,编纂和保存典册是王室的一项重要功能。春秋战国以后,随着周王室文化的向下扩散,知识分子发挥了极大的创造力,创造了一批又一批文化典籍,和官方的力量汇聚在一起,成为巨大的文化洪流。

人们还不断地把已经创作的文献典籍汇聚起来,成为各种类书,这种兼

---

[1] 叶坦,蒋松岩:《宋辽夏金元文化史》,东方出版中心2007年版,第35页。

具"资料汇编"和"百科全书"性质的工具书，可以说是中国式的百科全书。历代类书的编纂绵延不断，形成了源远流长的发展脉络和历久弥新的修撰传统。古代类书既是传统中国独具范式的典籍，也是中华民族丰富文化的结晶。

中国丰富的历史典籍和文献，是中华文化得以持续传承不衰的基本保证。历代王朝都十分重视历史典籍和文献的收集、整理和保存。魏晋南北朝时期，用纸制作图书的技术逐步改善，纸张逐渐代替木简策成为图书的主要形态，给图书的抄写和编纂带来了廉价和轻便，促进了公私藏书的发展。此时也涌现出许多藏书家勤奋抄书、聚书的动人事迹。隋朝两帝都曾大规模组织抄书，国家藏书至30万卷。唐自太宗至玄宗，也两次组织人力抄书，并设立修书院。隋唐时期藏书之盛，反映了当时文化发达的盛况，促进了学术文化的发展。

宋初崇尚文治，重视图书文化事业。由皇帝到大臣、士大夫、文人，自上到下都热衷于书籍的搜集、收藏。宋代是我国官私藏书事业繁盛发展的时期，私家藏书远胜于唐，藏书家数量也空前庞大，这些藏书家或广建楼阁，或辟室设斋庋藏典籍。宋代以后，至元明清，官方和私人藏书都达到鼎盛时期。

官私藏书都是中华文化的丰富宝藏。它们在保存中华文化精华、传承中华文化文脉方面，发挥了不可替代的重要作用，也成为中华文化生生不息的重要象征。

第一篇

从字到书

第一章 文字的创制

一 结绳记事与刻画符号

在史前时代的晚期，人们已经发展出比较复杂的生产技术，农业生产已经普及，并创造了新的手工业门类。因此形成了相应的生产生活群体。人们需要共同生活，就需要彼此之间的交流；积累起来的生活知识，包括关于自然的知识，以及一代一代人积累的生产技术，都需要传承下去。所以，在原始时代，人们就已经创造了一系列文化传承的方法、技术和模式。

人类社会的特点就在于有记忆，这就是文化。文化是通过记忆来一代一代传承的，因此才有了人类的进步，文化的进步。农业的出现与发展，制陶、琢玉、冶铜、缫丝织绸等技术，以及许多其他的生产技术，还有相应的知识体系，都是很多很多年，世世代代沿袭相传下来的。每一点新的发明和进步，都是在原来的文化积累基础上进行的。

所以，没有积累就没有文化，没有传承就没有文化。

积累和传承是通过语言、文字等记事、交流、仪式、艺术系统来进行的。这些在新石器时代已经有了比较成熟的形式。

据语言学家研究，人类语言在旧石器时代就产生了。人们无论是在生活中，还是生产中，都要进行思想交流，表达一定的意思。或者在生产中传授经验、协调动作，或者交流感情，或者与外人的交往中需要交涉事务、表明意图，或者在狩猎、战斗中需要奋勇搏杀、呐喊呼叫，等等，都需要有一定的音节来表达，于是就产生了语言。首先出现的是手势语言，然后出现的是口头语言。手势语言和口头语言都只能在一定距离范围之内使用，当人们彼此距离远到听不见和看不见的时候，就失去了作用。于是人们又借助一些彼此约定的信号来传达信息。进入新石器时代以后，随着原始农业的发明和发展，这些手势、口语和信号也更加完善和丰富多彩。当时人们会采用很多的信号来传达信息，表达思想。只是目前尚未发现有关的确切的实物证据。

言语虽然也是符号，但它是听觉符号，作为传达思想感情的工具，有其局限性。因为语言交流是即时性的直接交流[1]，必然受到时间与空间的限制。而将言语这一听觉符号进一步转化为视觉符号即文字，利用文字作为表意工具时，则既可以突破人们思想感情交流的时间空间限制，又可以用文字形式保存人们的文化经验与成果。

语言和信号都是即时性的，先民们还发明了许多记事的方法，主要有结绳、刻木和刻画等，以便于文化的记忆和传承。

结绳记事（计数）是原始先民广泛使用的记录方式之一。《周易·系辞下》说："上古结绳而治，后世圣人易之以书契。"《庄子·胠箧》也说："（上古）民结绳而用之。"上古时代可能有过很长一段时间都用结绳记事，而神农氏是使用结绳记事的最后时代。结绳记事的方法，即根据事件的性质、规模或所涉数量的不同结系出不同的绳结。《春秋左传集解》说："古者无文字，其有约誓之事，事大大其绳，事小小其绳，结之多少，随扬众寡，各执以相考，亦足以相治也。"孔颖达为《易经》注疏也说："结绳者……事大大结其绳，事小小结其绳，义或然也。"先民们为了把本部落的风俗传统和传说以及重大事件记录下来，流传下去，便用不同粗细的绳子，在上面结成不同距离的结，结又有大有小，每种结法、距离大小以及绳子粗细表示不同的意思，由专人（一般是酋长和巫师）循一定规则记录，并代代相传。后世所见的氏族社会的结

---

[1] 在发明录音设备和有线或无线电传输等信息传播媒介之前是如此。

绳习俗，其所打的绳结，有颜色及大小不同的种种形式，以代表不同的事类与数量。

结绳记事是远古时代人类社会普遍存在的现象。马克思在《摩尔根〈古代社会〉一书摘要》中，曾说明了印第安人的结绳记事，他们的记事之绳是一种用各色贝珠穿成的绳带。他记载说："由紫色和白色贝珠的珠绳组成的珠带上的条条，或由各种色彩的贝珠组成的带子上的条条，其意义在于一定的珠串与一定的事实相联系，从而把各种事件排成系列，并使人准确记忆。这些贝珠条和贝珠带是易洛魁人唯一的文件；但是需要有经过训练的解释者，这些人能够从贝珠带上的珠串和图形中把记在带子上各种记录解释出来。"[1]

在结绳记事基础上产生了刻画符号记事。刻画符号指新石器时代文化遗址出土的陶器器表、器内壁或龟甲、石器上所见用利器阴刻而成的符号，即在陶器、竹片、石或骨器上刻画符号作为标记，也有刻在劳动工具或劳动产品上的。在仰韶文化遗址中就发现有 7 处的彩陶盆上刻画有符号，其中西安半坡遗址有 100 多件，32 种。这些符号笔画简单，是抽象的符号，绝不是对某种动物、植物的概括图形，而且它们刻画部位大多固定在陶器外口的黑宽带纹和黑色的倒三角纹上。因而可以推断这是一种有意识的记事符号。

在陕西省西安市临潼区姜寨遗址中也发现 100 多件彩陶，上面绘有的符号达 40 多种。这些记号几乎都刻在相同的部位，即在早期类型的直口钵的外口缘上。这充分说明它们不是任意的划刻，而是具有某种作用的。有些符号还趋向规范化，多次重复出现，说明当时对某些符号的意思已有一定的共识。

在甘肃和青海地区的部分遗址中也出土了一些刻画符号或彩绘符号，仅青海乐都柳湾马家窑文化一处就出土五十几个彩绘符号。它们与半坡、姜寨的刻画符号相似或相同。而柳湾遗址的年代比半坡、姜寨约晚一千年，说明两地之间的原始文化可能存在着一定的渊源关系。

---

[1]　《马克思恩格斯全集》第 45 卷，人民出版社 1985 年版，第 451 页。

良渚文化的玉器和陶器上也出现了不少刻画符号。良渚遗址出土的细泥灰色黑衣陶器也很精致，在泥质陶器上刻画了许多文字符号，可以看出大致已经脱离了具象的图画阶段，这些符号在形体上已接近商周时期的文字。

有不少学者相信，那些陶器上简单而似文字的刻画就是中国初期的文字，是今天确知的最古老的一种具有表意作用的文字符号。郭沫若在《古代文字的辩证发展》中指出："彩陶上的那些刻画记号，可以肯定地说就是中国文字的起源，或者中国原始文字的孑遗。"古文字学家于省吾在《关于古文字研究的若干问题》一文中提出：西安半坡彩陶上的划刻符号，是"文字起源阶段所产生的一些简单文字"。

虽然对于这些刻画符号的意义还没有确切的解读，但专家们大多数同意，这些反复出现多次的刻画符号表达了某些固定的意义。现实中离散的物体可以用类似记事图画中的象形图案来表示，而一些较抽象的关系概念，如数量、上下前后等位置关系，只能用更抽象、更简单的形体符号来表示，原始社会的刻画符号应该是与特定语言的音义结合体相对应。裘锡圭先生把这些符号大体归纳为两类：第一类形体比较简单，大都是几何形符号，见于仰韶、马家窑、龙山和良渚等原始文化的陶器上，偶尔也见于骨器和石器上。第二类是像具体事物之形的符号，见于大汶口等原始文化的陶器上。[1]

用一些符号来记事，在新石器时代不是孤立的个别现象，而是具有一定的普遍性。刻画记事方法时间上略晚于结绳，但功能却比结绳强大。它主要用于契约和交换，在超越空间限制传递信息方面起到一定的作用。

---

[1] 裘锡圭：《文字学概要》，商务印书馆 1988 年版，第 22 页。

二 图画记事与象形文字

在符号记事的基础上向前发展就是图画记事，然后再发展为象形文字。图画记事是以图画和一些符号组成的画面来表达一定意思，但不是一图一音，尚不具有真正的文字性质。比如有些陶器上绘有单独的画面，应该具有或者是能够表达一定的意思，具有图画记事的性质。图画记事的内容主要有：动物、狩猎、放牧、战争、舞蹈、巫术仪式等。例如河南出土的彩陶缸上的鹳鸟衔鱼石斧图，就是由鹳、鱼和石斧组成的一个独立画面，显然是表达一定意思。还有半坡彩陶上的人面鱼纹，也是一种独立的画面，似乎也可以这样看。

岩画是指在岩石上绘画。有用颜色在岩壁上绘画，称之为岩壁画。有用雕刻工具在岩石上凿刻，称之为岩刻画。岩壁画、岩刻画统称之为岩画。岩画遍布世界许多国家，延续时间大约从 3 万年前直至今天。岩画是人类童年的艺术，它多侧面地记录了人类早期的生活。中国是世界上岩画分布最丰富的国家之一，目前全国已有 18 个省区约 80 个县、旗发现了岩画，遗址总数有数百个，记录下来的岩画大概不下几十万幅。这些岩画题材内容丰富多彩，有人物、动物、日月星辰、房屋、武器、神灵、符号、人面像、手足印迹、兽蹄印迹、车辆、帐篷等。这些岩画多方面地反映了当时人们的狩猎、放牧、战争、舞蹈、祭祀、生殖崇拜等物质与精神生活。

在岩石上刻画各种形象，除有敬畏、崇拜、祈求目的以外，最直接的作用就是传授知识：或在深山幽谷转折处，或于放牧必经之地，刻画动物形象以指示方向；或于猛兽经常出没之所，刻上虎豹狼等形象，以示警诫（或祈求）；或在山洪暴发、山崖崩裂给人畜造成重大伤亡之处，刻画山神水怪形象以示敬畏（或祈求保佑）；或在两部落经常发生纠纷的地方，刻画各自的图腾标记以示界限；或在本部落取得战争胜利之后，刻画押解俘虏凯旋的场面，以示纪念；或在祈求丰收之地，刻画神灵图像，以示崇拜；或在急

围猎图 内蒙古阴山岩画

流险滩陡峭崖壁上，刻画祭祀舞蹈场面，以求水神保佑，如此等等。

象形文字是按事物的形体绘出想象的图形，用事物的本来名称，进而确定象形字的读音。象形文字并不是中国独有的，在人类早期创造的文字中，如古埃及文、苏美尔文、古印度文，都是象形文字。象形文字属于表意文字，是在图画文字基础上发展而成的，但已不再是用整个画面来表示意思，而是用文字的线条或笔画，把要表达物体的外形特征具体地勾画出来。许慎解释说："象形者，画成其物，随体诘诎，日月是也。"其中的"画成其物"不是作画，是指创造书写符号。

鲁迅先生说，汉字的基础是象形。在山东大汶口文化晚期作为祭器的陶尊上有刻画而成的象形文字，主要是日、月、山、斧、锛等图形。斧、锛等字为象形文字，有的则是日月与山组成的会意字，与商代甲骨文中的一些字已很接近，虽然不能说它是甲骨文的前身，但至少可以表明在新石器时代晚期已经产生了表意的文字，为文明时期真正文字（汉字等）的诞生奠定了基础，

7

这是原始农业文明中一项具有划时代意义的成就。

历史学家岑家梧指出："我国文字的产生，和世界各国一样，经历了结绳、刻画、图画和象形几个阶段。结绳记事，是原始人为了帮助记忆的符号，还不是文字。仰韶文化彩陶上的刻画符号，是我国文字的萌芽。图画记事已孕育着造字的基本原则。发展至象形，既有定型、代表一定的意义，且有定音，才是正式的文字。"[1] 语言，结绳记事，刻画符号，以及图画记事和象形文字，就是新石器时代逐渐发展起来的文化记忆和文化传承的基本工具。正是通过这些形式，人类早期发展起来的文化得以发展、流传下来，并为后代的文化发展奠定基础。而这些形式的发展和深化，为后世的文化传承提供了基本的载体和形式。

三　仓颉造字的传说

在新石器时代，像上面说到的结绳记事、刻画符号等都是保存文化记忆和传承这些记忆的重要形式，是早期人类为文化传承所做出的最初的探索和努力。在这个基础上，文字就应运而生了。

古人把中国文字的产生归功于仓颉的创造。仓颉造字当然是一个传说，但对于中华文明的传承来说，是一个极为有意义的传说。

传说仓颉是黄帝时代的人。黄帝时代是中华文明的草创时期，许多重大的发明都被说成是那个时代创造的。黄帝时代对中华文明的早期创造贡献最大。钱穆先生说："传说中的黄帝，是中国历史上第一个伟人，是奠定中国文明的第一座基石。"比如指南车、养蚕、舟车、文字、音律、医学、算数等都创始于这个时期。传说黄帝用玉作兵器，造舟车弓箭，染五色衣裳；他让妻子嫘祖教人民养蚕，命令大臣仓颉造文字，大挠造干支，伶伦制作乐器，

---

[1]　岑家梧：《原始社会史稿》，民族出版社 1984 年版，第 143 页。

如此等等，黄帝在经济文化方面的贡献是多方面的。黄帝是文明创造和发明的领导者和组织者，他领导了一个规模不小的文明创造团队，其中的每个人都对生产技术和社会文化的发明和创造有独特的贡献。古人把黄帝时代作为中国文化的源头。而黄帝时代的许多创制和发明，奠定了中华文明的基础。

仓颉就是黄帝这个文明创造团队的重要成员，他是黄帝的史官。"史官"是记录、保存和传承部族或民族历史的专职人员。为了记载事情，传递信息，黄帝命他造文字。《荀子·解蔽》也说："故好书者众矣，而仓颉独传者，壹也。"东汉许慎《说文解字·序》说："黄帝之史仓颉，见鸟兽蹏迒之迹，知分理之可相别异也，初造书契，百工以乂，万品以察。盖取诸夬，夬扬于王庭。言文者，宣教明化于王者朝廷。"《初学记》卷二十一引《帝王世纪》佚文也说："黄帝垂裳，仓颉造文字，然后书契始作。"

这个传说是说，仓颉按照黄帝的要求，到南方巡狩，以"羊马蹄印"为源灵感。仓颉日思夜想，到处观察，看尽了天上星宿的分布情况、地上山川脉络的样子、鸟兽虫鱼的痕迹、草木器具的形状，描摹绘写，仔细观察各种事物的特征，并按其特征，画出图形，造出许多象形字来。仓颉在此基础上采用"依类象形""因声借字""形声相益"等方法，创制了六类汉字，即所谓的"六书"。这样日积月累，时间长了，仓颉造的字也就多了。汉代纬书则说，仓颉"生而能书，又受河图录书，于是穷天地之变，仰视奎星圜曲之势，俯察鱼文鸟羽，山川指掌，而创文字"（《春秋元命苞》）。《说文解字·序》中记载："仓颉之初作书，盖依类象形，故谓之文。其后形声相益，即谓之字。"

仓颉把他造的这些象形字献给黄帝，黄帝非常高兴，立即召集九州酋长，让仓颉把造的这些字传授给他们，于是，这些象形字便开始应用起来。

据说仓颉创制文字时，天上降下粟米，鬼在夜间哭泣。《淮南子·本经训》说："昔者仓颉作书，而天雨粟，鬼夜哭。"汉代高诱注说："仓颉始视鸟迹之文造书契，则诈伪萌生；诈伪萌生，则去本趋末，弃耕作之业，而务锥刀之利。天知其将饿，故为雨粟；鬼恐为书文所劾，故夜哭也。鬼或作兔，兔恐见取豪（毫）作笔，害及其躯，故夜哭。"因为天担心人们学会文字后，都去从事商业而放弃农耕，造成饥荒。鬼怕人们学会文字后，会作疏文弹劾它们，因此才在夜间哭泣。还有一种说法，兔子在夜间哭泣。因为兔子害怕人们学会文字后，取它们身上的毫毛做笔，从而危及它们的性命，因此才在夜间哭泣。唐代著名书画家张彦远则解释"天雨粟，鬼夜哭"说："造化不能藏其秘，故天雨粟；灵怪不能遁其形，故鬼夜哭。"这就是说，文字是人类揭示自然秘密的工具。人对自然的认识深化了，掌握了更多自然规律，于是也就能提高农业生产的效率。庄稼丰收，粮食增产，这就像打开了老天爷的粮仓。对未知事物就会认识得更深入，对鬼神的迷信也会减弱。

看来，古人已经把文字的发明当作惊天动地的大事情。

仓颉造的字是什么样的，现在人们不得而知，但应该是在结绳记事之后的事情，因为现有的记载都说："观鸟迹虫文始制文字以代结绳之政。"（《万姓统谱·卷五十二》）这个传说认为汉字大约产生于黄帝时代，这个时代与考古发掘所证实的新石器时代晚期大体吻合。这就是说，在新石器时代较晚的时期，是文字产生的时代。张彦远说："是时也，书画同体而未分，象制肇创而犹略。无以传其意，故有书，无以见其形，故有画，天地圣人之意也。"文字的产生是"天地圣人之意"，也就是应时代发展的需要、文明发展的需要而产生。当然，不可能是仓颉一个人创造出来的文字，文字的出现是人们在长期的社会生活中不断积累、不断总结的结果，所以仓颉很可能是总结整理文字，为汉字的形成作出了贡献的一个代表人物。鲁迅先生说："……仓颉也不止一个，有的在刀柄上刻一点图，有的在门户上画一些画，心心相印，口口相传，文字就多起来了，史官一采集，就可以敷衍记事了。中国文字的来由，恐怕逃不出这例子。"[1]

---

[1] 鲁迅：《门外文谈》。

四 甲骨文

早期的陶器刻画符号和刻画文字是汉字的起源。到商代后期，则出现了成系统的文字——甲骨文。甲骨文是商代后期书写或契刻在龟甲、兽骨上的占卜、记事文字。但甲骨文久已湮没无闻。

清光绪二十五年（1899 年），金石学家王懿荣因病在中药"龙骨"上首先发现了带字的甲骨以后，商代甲骨文重新被世人认识。继王懿荣之后不久，古文字学家王襄、刘鹗、罗振玉、孙诒让、王国维等也都开始搜集整理和研究甲骨。光绪二十九年（1903 年）刘鹗整理所藏部分甲骨，出版了中国第一部著录甲骨的专著《铁云藏龟》，指出甲骨文为"殷人刀笔文字"。第二年，孙诒让完成了中国第一部考释甲骨文的专著《契文举例》，考释出 180 多个甲骨文字。从此，甲骨文的研究成为一门专门学科。

经过罗振玉、王国维等人的研究，甲骨文被确定为河南安阳殷墟所出。自 1928 年起，开始了对殷墟有计划的科学发掘，发现包括甲骨文在内的大量

商龟甲卜辞

商代晚期遗物。特别是宫殿建筑遗址和商王陵的发现，证实甲骨文确系盘庚迁殷以后的晚商遗物。百余年来，安阳殷墟出土 15 万片甲骨卜辞，此外，在河南、陕西等地区也有甲骨文出现，年代从商晚期（约前 1300 年）延续到春秋时期。

这种甲骨文与新石器时代的一些刻画符号有一定的渊源关系，但不能同日而语，两者之间横亘着一个漫长的发展阶段，有人估计这个阶段可能有2000 年之久。在距今 4000 余年的龙山文化晚期，已经出现了与口语中具体的词意相结合的刻画文字。

中国最早的成形文字，约出现于夏代初期。有学者推测，原始汉字可能"开始出现于公元前第三千年的中期。大约到这一千年的末期，夏王朝建立起来……迫切需要比较完善的文字……在夏商之际（约在前 17 世纪）形成完整的文字体系"[1]。商代的甲骨文被公认为比较成熟的文字系统，在此之前有很长一段时间的孕育和发展时期。所谓"此前"，就有一大部分属于夏代。虽然目前还没有较完整的夏代文字被发掘问世，但在二里头型的陶器上，经常出现各种形式的刻画符号，有的已被认定为汉字的原型。夏代也应当有了文字记录的典册，例如先秦典籍中就经常引用一些不见于今本《尚书》中的《夏书》或《夏训》。随着夏商考古文化的发展，中国考古界和文字学界对于夏代已有文字的看法，已日趋肯定。古文字学者唐兰认为："过去有些人把甲骨文当作我国最早的文字是十分错误的。甲骨文已是形声文字，属于近古期，很多古代的象形字已经变得像符号了，并且有了很多错别字。现在见到的大汶口陶器文字，是属于远古时期的意符文字，我国文字的历史更完整了……在古代，这种意符文字大概用了一两千年。最后，生产发展了，人事复杂了，

---

[1] 阴法鲁、许树安主编:《中国古代文化史》第 1 册,北京大学出版社 1989 年版,第 150 页。

才出现形声文字。"[1]

因此，甲骨文是发展到一定阶段的文字。我国古代学者总结汉字结构规律，提出"六书"，即依据常用汉字归纳出的6种常用造字方式，包括象形、会意、指事、形声、假借、转注。在甲骨文中，已经具备了"六书"的种种造字、用字方法，具备了汉字的各种形式。甲骨文的文字"虽然形体上与今字大异，但已识的字都可依照一定规则译成今字。其意义及用法大体上与今字不殊，习惯的保守性真是可惊的"[2]。

甲骨文是我们能见到的最早的成熟汉字。甲骨文有约4500多个单字，迄今已释读出的字约有2000个。其中既有大量指事字、象形字、会意字，也有很多形声字。其字义已比较固定，词汇也比较丰富，同时已有较为系统的语法，可以准确地表达语言和思想。这些文字和我们如今使用的文字在外形上有巨大的区别，但是从构字方法来看，二者基本上是一致的。因此，甲骨文是中国目前所见的最早的成系统的文字，是比较进步的文字体系。此后文字的发展，只是在其基础上的提高，而没有质的变化。因为商代在中原的优势地位，无疑使这一文字系统成为当时的主流。商朝的文字在当时世界是进步的，而且后来发展成为世界上使用时间最长和使用人数最多的一种文字。

商代已有精良笔墨，书体因经契刻，风格瘦劲锋利，具有刀锋的趣味。从甲骨上的文字看，它们已具备了中国书法的用笔、结字、章法三要素。甲骨文因用刀契刻在坚硬的龟甲或兽骨上，所以，刻时多用直线，其用笔线条严整瘦劲，曲直粗细均备，笔画多方折。从结构字体上看，虽大小不一，但比较均衡对称，文字不仅有变化，还显示了稳定的格局。从章法上看，虽受骨片大小和形状的影响，仍表现了镌刻的技巧和书写的艺术特色。甲骨文还

---

[1] 唐兰：《再论大汶口文化的社会性质和大汶口陶文字》，《光明日报》1978年2月23日。

[2] 张荫麟：《中国史纲》，中华书局2014年版，第19页。

有用软笔朱书墨书的痕迹。郭沫若在 1937 年出版的《殷契粹编》的序言中，就对其书法体现非常赞赏："卜辞契于龟骨，其契之精而字之美，每令吾辈数千载后人神往。文字作风且因人因世而异，大抵武丁之世，字多雄浑，帝乙之世，文咸秀丽。而行之疏密，字之结构，回环照应，井井有条……足知现存契文，实一代法书，而书之契之者，乃殷世之钟王颜柳也。"

完整的甲骨大小根据使用者的身份不同而异。王卜多属各地进贡的大龟，一般贵族用王都附近产的尺寸较小的龟。龟的大小，乃是等级、权力、地位的一种标志。目前发现最大的龟腹甲长 44 厘米、宽 35 厘米，背后有 204 个钻凿。今见完整龟甲一片上字数最多者达 404 字，正反共刻 71 条卜辞。牛肩胛卜骨也有大小之分，最大的一件为一牛右胛骨，通长 43.5 厘米、宽 24 厘米，正反面刻了 35 条卜辞和一条记事刻辞，共 218 字。

中国商代和西周早期以龟甲、兽骨为载体的文献，是已知汉语文献的最早形态。甲骨文的内容大部分是殷商王室占卜的记录。从事占卜是巫的一项重要职责。占卜起源于原始宗教中的前兆迷信，古人经常把自然或社会生活中的某些怪异现象当成吉凶的征兆，用以指导自己的行为。商代人们进行占卜的主要形式是骨卜。骨卜就是将龟腹骨或牛肩胛骨放在火上烤，甲骨烧灼后的裂纹是很不规则的，巫便依据被称为"卜"的裂纹形状断定人事的吉凶。《礼记》说，要通过卜筮了解上帝（天）的意旨，来制订国家礼乐。如无卜筮这个工具，上天的意旨不可得，礼乐无从订，更谈不上兴了。在商朝，国家大事都要诉诸鬼神，只有经过占卜吉凶才能最终付诸行动。占卜成为重要的生活内容，事无巨细，都要先卜而后行，几乎无事不卜，无日不卜。迄今发现的 15 万多片甲骨，大部分都是祭祀和占卜的记录。甲骨文的主体部分是卜辞，即占卜活动结束后记录占卜活动进行情况与结果的刻辞。大多刻写在甲骨的正面，也有部分刻写在反面的。甲骨文中还有一部分以天干（甲、乙、丙、丁、戊、己、庚、辛、壬、癸）和地支（子、丑、寅、卯、辰、巳、午、未、申、

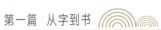

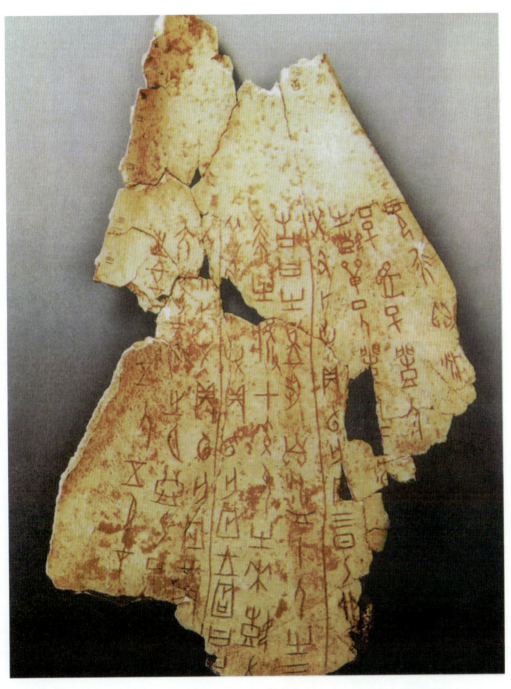

祭祀狩猎涂朱牛骨刻辞　河南安阳殷墟出土

酉、戌、亥）相配组成的六十个干支名称的干支表，可以说是我国最早的日历。另外，甲骨文中还有一些当时学习刻写卜辞的人练习刻写的作品，称为"习刻"或"习契"。

甲骨卜辞记录了商代社会中发生的许多事情。经过几代人的整理和研究，揭示了它所包藏的丰富内容，为研究商代历史开拓了重要的途径。

甲骨文的意义是无与伦比的，它包括了自盘庚至纣共 273 年的历史记录。它标志着中国历史进入了有文字可考的时代。我们现在通常所说的人类史、文明史，都是指"有文字记载以来"的历史，而"有文字记载"以前的文明形态通常称之为"史前文明"。甲骨文的发现，使商代的存在无可争议，并使商代历史成为信史。

现在较流行的观点是把文字、铜器、城市等作为文明的标志或要素来探讨文明的起源。从世界文明史的角度来说，人们常说的"四大文明古国"，或"四大原生型文明"，包括古巴比伦、古埃及、古印度和中国，都是以文字、城市和青铜器这三项文明为标志。在夏、商、西周三代，这三项文明都已出现，并且在商代后期和西周时代形制完备。当然，原生文明的内容远远不止这三个方面，其他在经济生活、社会管理、政治制度、科学技术和宗教艺术等方面，都有了一定的发展。可以说，现代社会文明的基本方面，都在原生文明时代产生并发展起来了。

汉字的发明大大促进了文明的进步和教育功能的扩大。一种在广泛地域中共同使用的思想交流及记录工具，其中最重要的是让这个地域中的人都能熟记并理解其构形和含义，而这一过程的完成便需要教育的作用。文字的出现，也使得教育的内容更加丰富广泛。

商代文字还有刻在陶器上的陶文，以及刻在玉和石头上的文字。但其中占绝大多数的则是甲骨文。

五 镂之金石

商代出现了甲骨文，之后，在周代又有金文出现。在青铜器内壁、内底或其他部位铸造或镌刻的文字，在考古学上叫青铜铭文。因为周朝把铜也叫金，所以铜器上的铭文就叫作"金文"或"吉金文字"；又因为这类铜器以钟鼎上的字数最多，所以过去又叫作"钟鼎文"。

金文是以青铜器为书写材料的文字，它的出现与发展与青铜器密切相关。

历史学家一向以"青铜时代"称殷商西周时期，说明那时青铜器的应用是很广泛的。中国古代青铜器的生产代表了当时社会生产力的最高水平，其器物的组合、造型、装饰与当时的生活习俗、社会风尚、文化特质、民族审美心理等密切相关，种类繁多、形制瑰丽、花纹繁缛、制作精湛，充分体现了中国青铜器特有的艺术魅力和鲜明的民族风格，构成了中国无与伦比的青铜文化。钱穆在概述中国青铜文化的特点时指出："我们只看那些铜器制造之精美，便可推想中国古代工业发展，在此之前，应该早有一个很长的时期了。中国工业亦与中国文化精神全体相配合，大抵是甚为精美而不流于奢侈，多切实用而又寓有人生伦理上的教训意味的。古代的彝器，多作宗庙

散氏盘铭文拓片

毛公鼎铭文

祭祀之用，又多加上铭文，大半是既可作历史纪念同时又寓有人生大义的格言和训词。这正可代表中国工业发展的方向与其意义之一斑。"[1] 钱穆以此进一步论述了中国工艺美术的一般特点，认为："中国人的美术，常附加在工业上，而中国的工业，常注重在有关一般人日用的器物上。这是中国传统工艺美术与中国整套文化精神相配合之点。"中国工业与美术的合流，"使日常人生渐于精美化，这是中国工艺美术之一种特性"[2]。

中国商周时代所创造的灿烂的青铜文化，在世界文化遗产中占有独特的地位。英国科学史家李约瑟（Joseph Terence Montgomery Needham，1900—1995 年）曾说，没有任何的西方人在青铜器铸造上能超过古代中国人。

以青铜器为载体的金文在中国文字发展史上占有重要地位，它集中反映了西周至春秋 600 年间中国语言文字的使用情况。

---

[1] 钱穆：《中国文化史导论》，商务印书馆 1994 年版，第 77 页。

[2] 钱穆：《中国文化史导论》，商务印书馆 1994 年版，第 78—79 页。

商代已经有金文出现，但那时的语言文字主要通过甲骨文字反映出来。到商代中期为止铭文数字还不多，一般只有一两个字，多则四五个字，多为铸者或其先祖之名讳。直到商代晚期，铭文也未超过 50 字。其内容也很简单，目的在于标记器主人的族氏，识别用途。

西周时期是金文大发展的时期，不论是其数量或字数，还是内容和形式，都较前有了很大发展。这时铸铭之器骤然增多，两周青铜器中有铭文传世的3000 余件，其中一半以上属西周。西周铭文的内容、形式、数量、书体等都比商代有了很大的变化，铭文格式多样，内容丰富，不仅有准确的干支月日及"月相"、地名和地理位置、当时的官职名称、人名，还记载了很多重大的历史事件，包括王室的祭祀、征伐、盟誓契约，周王的册命、赏赐、宴飨，甚至奴隶买卖、刑事诉讼等各种内容，反映出当时政治、军事、礼制、经济等各方面的真实情况。如昭王南巡，穆王西狩等天子之事，多有记述。这些铭文内容是反映当时社会政治、经济、军事、法制、礼仪的重要史料。

西周和春秋时期也有用其他方式书写的文字，如考古中已发现西周前期的甲骨文，还有西周和春秋的陶文与石刻文字，但反映这一时期文字发展水平的主要还是金文。

金文的字数，据容庚《金文编》记载，共计 3722 个，其中可以识别的字有 2420 个。金文的书体，一般称为大篆或籀书，也有称为古籀的。籀是周宣王时的史官，籀书即为他所写的字书。青铜器铭文是按照墨书的原本先刻出铭文模型的陶范，再翻范铸造出来的。由于商周时期已有很精湛的青铜铸造技术，所以翻铸的金文一般都能够在相当程度上体现出墨书的笔意。因此，商周的金文实际上是一种墨书的书法艺术。

从文字结构本身看，金文较甲骨文字已有所进步。金文字体整齐遒丽，古朴厚重。与甲骨文相比，金文笔道肥粗，弯笔多，团块多，脱去板滞，变化多样，更加丰富了。西周初期金文尚保留着殷商晚期图案化、工艺化倾向，结构松散，西周中晚期金文则在字形上改变了早期结构符号的散漫不定而臻于固定统一。金文造字方法比甲骨文更加规范化，形声字的使用也比甲骨文大为增加。前人称"古文之精严雅洁者，莫如金石文字。"

从金文语句分析，它的用词也较甲骨文丰富。金文的辞章规模也达到一个新的水平，上百字、数百字的铭文比比皆是。现藏台北故宫博物院属西周晚期周宣王时的《毛公鼎》铭文，共 32 行，长达 497 字，字体结构严整，瘦劲流畅，布局不弛不急，行止得当，称得上是金文的鸿篇巨制。表明当时人们驾驭语言文字的能力已经有了很大的进步。此外，《大盂鼎》《散氏盘》也是金文中的上乘之作。《大盂鼎》的金文共 19 行，291 字，记载了康王追述文武受命，克殷建邦的伟绩，其文字端庄典雅，大小得体，形态生动。1976 年在陕西临潼发现的"利簋"铭文虽短，但仅用 32 字就概括了有关武王伐纣的史事，因而被称为武王克商簋，具有极为重要的史料价值。是迄今所见西周最早的一件铸铭铜器。

早在秦汉之世，已有青铜器陆续出土。自那时起，人们就开始关注青铜器及其上铭文。但这一时期所出土的青铜器多被视为祥瑞之物而荐宗庙，甚或有因之改元、因之立祀者。清代学者阮元说："自汉至唐，罕见古器，偶得古鼎，或至改元，称神瑞，书之史册。"如《汉书·武帝纪》记载，武帝时曾"得鼎汾水上"，由此更年号为"元鼎"。《汉书·郊祀志》亦载，"美阳得鼎，献之。下有司议，多以为宜荐见宗庙，如元鼎时故事。"但是，最后因"此鼎细小，又有款识"而"不宜荐见于宗庙"。不过，当时古文字学者张敞对此鼎（即尸臣鼎）进行了大致准确的释读。他据该鼎所出之地而断定其为周器，并据铭文指出此鼎是周王为褒赐大臣，大臣的子孙铭刻其祖先之功而作，并将其藏于宫庙。

宋代金石之学大兴，正式形成研究金文的专门学问。宋代人收藏铜器极重视铭文，如吕大临《考古图》等。王俅的《啸堂集古录》专门摹刻铭文，

毛公鼎　台北故宫博物院藏

王楚和薛尚功的《钟鼎篆韵》则把铭文中的字编为字典。清代铭文研究进步较快，出现多位专家，其中吴式芬把商周铜器铭文编成《捃古录金文》一书。1925 年，容庚编《金文编》，把商周铜器铭文中的字按照《说文解字》中的顺序编为字典，从此金文成为一种书体名称。

第二章 从文字到文章

一 "运用文字"的时代

商代开始出现甲骨文，是最早的比较完整的文字体系。从此，我们所说的历史就进入"有文字记载"的历史。在人类文明形成和发展的历史上，首先经过了一个漫长的史前文明阶段。这个史前文明阶段的岁月要比我们现在所说的文明史长得多得多。在那些漫长的岁月里，人类走过了童年，同时也从无到有，创造了许多灿烂辉煌的文化成果。比如我们常说到的仰韶文化、河姆渡文化、红山文化等。但是，由于没有文字或其他媒介的记载，我们对远古文明的了解非常少。许多事情我们只有通过考古和神话来重新拼图。而所谓史前文明和我们所说的文明史，其界限就在于是否有文字记载，有"文字记载的历史"就是我们所说的文明史。我们强调历史的起点就在于"有文字记载"。所以，"文字"是文明发展的至关重要的一环。

人类文明之所以称为"文明"，就在于有一代一代人的记忆和积累，有记忆和积累，才有传承和发展。所以一代人一代人之间就不只是简单的重复，而是在前辈的经验基础上有所前进，有所发明，有所进步。这样，文明就发展了，社会就进步了。为了这个记忆、积累和传承，人类走过了漫长的结绳记事的阶段，直到后来，各民族分别创造了自己的文字。古人类学家摩尔根（Lewis Henry Morgan）说，"文字的使用是文明伊始的一个最准确的标志""没有文字记载，就没有历史，也就没有文明"。恩格斯也说，人类社会正是"由于文字的发明及其应用于文献记录而过渡到文明时代"[1]。

但是，甲骨文以及稍后的金文，我们现在看到的只是一些个别的单词和句子，还不构成完整的文章。许多意义还靠后来的学者们考释和猜测。西周时的毛公鼎有几百字，就引起学者们的极大重视，因为这是所知的最早的一篇可以称为文章的文字。而对于历史的文化记载，只有形成比较完整

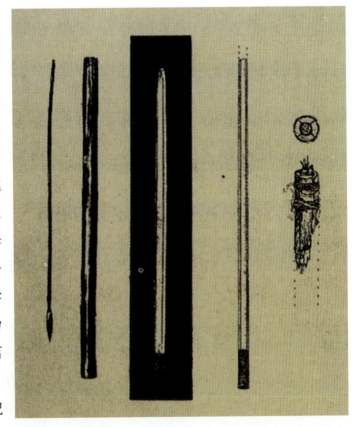

长沙出土的战国时代毛笔及竹制毛管

的文章，而不是个别的句子，才能够充分体现其文化传承的价值。从甲骨卜辞、铜器铭文、《周易》卦爻辞到《尚书》，反映了古代文章由句而篇，由简而繁的形成过程。

到了春秋战国时代，这样成篇的文章开始出现了。钱穆先生说："在殷商时代的中国，早已有四千多字了，直到现在，经过了三千多年的演进，一般社会上仍只要四千多字，或尚不要四千多字，已经够用。所以在战国以前，可说是中国人'创造文字'的时代。战国以下，则是中国人'运用文字'的

---

[1]　《马克思恩格斯选集》第4卷，人民出版社1972年版，第21页。

时代了。"[1]

这一时期的书写工具和材料也发生了重大的变化，这也是进入"运用文字"阶段的重要原因。甲骨文和金文所需的书写材料是极为贵重和笨重的，而且并不易得，所以限制了人们广泛地使用。周代"学在官府"，其原因之一，就是这些书写材料和工具掌握在官府手里。春秋战国时代，毛笔和铁器的出现及运用，使书写技术发生一场革命，使得这个问题得到了根本性的解决。

春秋以后，读书写文章的人以及官府的文牍也多起来了，竹简的需要量增多，使制作竹牍的工具成为必备的日常用具。我国考古发掘的春秋战国墓葬中，多次发现书写用品，而且盛放在"文具箱"内。特别是竹牍的制作工具，门类多，也很完整。其中有的锯、锛、刀、锥，装有木柄，便于使用。1957年，在河南信阳长台关发掘的一号楚墓左室内，随葬一只盛放文具的小木箱，长35.9厘米，宽16.1厘米，高14.7厘米，箱内放了12件文具，可分为两类：一类用于制作简牍，计有铜锯（截断竹片），铜锛（劈开竹简，铲平竹片），铜刻刀和铜夹刻刀（剃除茸毛，刮光简面，并在简边刻出固定简册编绳的缺口），铜锥（钻孔编册）；另一类用于书写，有毛笔、笔管（装笔用）和铜削（刊削笔误）。

1965年，在湖北江陵发掘的望山一号楚墓的前室，也出土了一只小型文具木箱。箱内只放了制作简牍的工具，没有书写用的毛笔之类。除了铜锛、铜刻刀和铜夹刻刀外，还有两块砺石。使用锛、刀刮削的时间长了，刃钝不利，需要砺石修磨。该砺石经过加工，方整见棱，比一般磨刀石精细小巧。1981年，在浙江绍兴坡塘狮子山西麓发掘的战国墓南壁壁龛土台上，发现一件长方形文具盒，外面涂漆，可惜已朽成碎片。盒内有铜刀、铜刻刀、铜削、砺石，还有陶线锤两件。线锤是编制长册（策）时用的。制作简册时，竹简按简文顺序编妥，然后用线（丝线或麻绳）将各枚简夹住编连，这时，两头要用线

---

[1] 钱穆：《中国文化史导论》，商务印书馆1994年版，第90页。

锤拉紧编绳，把简夹牢。该文具箱内所放的"文具"，门类齐全。1954 年，在湖南长沙南郊左家公山发掘的一座战国木椁墓的头箱内，出土了一件放置文具的竹筐，内有毛笔一支，套在小竹管内，另有铜削一把和小竹筒一个（推测是贮放墨块的）。此外，还放了表面光滑的竹片 25 片，这是尚未使用的竹简，如同今天的空白纸张。从这些考古发现可知，在战国时期，制作简牍和书写的用具已相当完备。

春秋战国使用的简牍制作工具，形制小巧，便于携带。直到两汉，其形制都没有多大变化，仅仅是铁制品越来越多。砚，则由石砚（磨成薄薄的石板，又称研石）改进为厚实的台砚，有石制，也有砖制、陶制，形状也不限方形。墨由碎块改进为胶墨。变化较大的是毛笔的制作，经过秦时的改型，到汉代就已定型，一直保持到今天的样子。

在春秋战国时期，毛笔开始成为主要的书写工具。大约在新石器时代，就可能出现了毛笔。中国人使用毛笔写字作画的历史已有数千年之久，彩陶上的图画和纹样应当是由毛笔描绘在初胚上的。甲骨文也应该是先用毛笔写出，然后再用利器刻出的。最早的毛笔的实物是在战国中期的楚墓中发现的。在河南省信阳长台关 1 号楚墓和湖南省长沙左家公山楚墓中出土的毛笔，与现在通用的毛笔相似，笔杆细长，笔锋均为 2.5 厘米，略长于现代小楷毛笔的笔锋。其制作方法是将笔毛围在笔杆的一端，以丝线束紧。长沙笔采用上好的兔箭毛，相当于后世的紫毫，刚锐而富于弹性。湖北省云梦睡虎地战国秦墓也出土了毛笔，但它的笔毫是插入杆腔中的，与今天的制笔方法相似。同时该墓还出土了墨、砚等书写工具，它们与笔、简合起来可称为战国时期的"文房四宝"。与现代的文房四宝相比，仅仅是简和纸的不同，其余三种完全相同。

战国时代的书法材料急剧增多，竹、木、帛、石、玉等纷纷成为书法的载体，毛笔和墨成为书法的主要工具，从而使书写在形式上发生根本革命，传统的铸造和铭刻的手段从此逐渐被以笔墨为媒介的书写手段所代替，并且沿用至今。《墨子·天志》说：

> 书于竹帛，镂之金石，琢之盘盂，传遗后世子孙。

这句话说明了当时书写材料和工具的多样性。《墨子·明鬼下》又说："又恐后世子孙不能知也，故书之竹帛。"墨子在这里提到，用竹帛之书书写的目的，在于"恐后世子孙不能知也"，所以书之竹帛，"传遗后世子孙"。这就把书写的目的在于文化传承说得很清楚了。就是说，对那个时代的知识分子来说，用"竹帛之书"书写，传承文化和历史，是有很自觉的意识的。

二 竹帛之书

《墨子》所说的"竹帛之书"，主要是指周、燕、宋、齐等国的《春秋》。《春秋》是各国史书的名称。史官记事，本是编年体性质，一年四季所作之事都书于简牍，但不能全举春、夏、秋、冬四字来作为书名，于是概举"春""秋"，以包括"夏"和"冬"。孔子说他见过百二十国《春秋》，墨子也曾说"吾见百国春秋"。墨子还提到"周之春秋""燕之春秋""宋之春秋""齐之春秋"。可见当时修撰国史是普遍的情况。当时的许多大学者都有较多的藏书，例如："子墨子南游使卫，关中载书甚多。"（《墨子·贵义》）"惠施多方，其书五车。"（《庄子·天下》）

吕思勉在《中国史》中概述这一时期的书写工具和书写材料，指出：

> 至于作书的器具，古人所用的，有竹木两种：木的唤做"牍"，唤做"版"，又唤做"方"。板长一尺，所以又唤做"尺牍"。小的唤做"札"，也唤做"牒"，大的唤做"椠"，椠长三尺。方而

有八角，有六面或八面可写的，唤做"觚"，又唤做"棱"。刻木以记事谓之"契"。把它分做两半，则或唤做"契"，或唤做"券"。竹的唤做"简"，又唤做"策"。也有用帛的，则谓之"缣素"。编连起来是用"韦"，所以说孔子读《易》，"韦编三绝"。写字是用笔蘸漆，书于简牍。写错了，就用刀削去，所以"刀笔"连称，又说"笔则笔，削则削"。这种写字的法子，是很繁难的。[1]

"简牍"是竹简和木牍的合称，指用竹片和木片制成的书写材料，也指在这种材料上书写的文字，自春秋战国时代开始流行，直到纸被普遍采用后才逐渐废弃。《艺文类聚》卷五八引三国吴谢承《后汉书》说："王充于宅内门户炉柱，各置笔砚简牍，见事而作，著《论衡》八十五篇。"《后汉书·宦者列传·蔡伦》说："自古书契多编以竹简，其用缣帛者谓之为纸。"晋杜预《〈春秋经传集解〉序》说："诸侯亦各有国史，大事书之于策，小事简牍而已。"

写在竹片上的称为竹简，写在木片上的称为木牍。竹简的制作过程是先把竹子锯成一

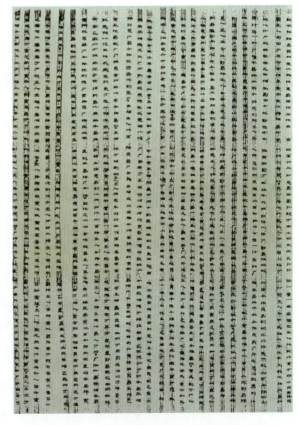

《仪礼》简册　甘肃武威汉墓出土

---

[1] 吕思勉：《中国史》，中国华侨出版社2010年版，第83页。

段一段的竹筒，再劈成竹片，打磨光滑，便成了一根根简。字就写在篾青以里的部分，即篾黄，也叫篾白。刚劈成的竹简很湿，无法写字，要用火烤干，烤制过程称为"汗青"，也叫"汗简""杀青"。后来，人们便用"汗青"特指史册。

简牍所用的竹木片一般为长条形，宽度一般为 0.5~1 厘米，战国的竹简一般长 23~27 厘米，即当时所谓尺简，晋荀勖《〈穆天子传〉序》说："汲县民不准盗发古冢所得书也，皆竹简素丝编，以臣勖前所考定古尺度其简，长二尺四寸，以墨书，一简四十字。"在汉代有 3 尺、2.4 尺、1.2 尺、0.8 尺等。汉代似有定制：儒家经典和政府颁发的律令用长简，诸子百家著作用短简。简是古代书籍的基本单位，相当于现今的一页。一枚简常写一行直书文字，有的写三四十个字，有的只写几个字。字数较多的，写在数枚简上，用绳子编连在一起，称之"册"。长篇文字内容成为一个单位的，叫作"篇"。一"篇"可能含有数"册"。

木质的牍与简不同之处是加宽好几倍，有的宽到 6 厘米左右，个别的达 15 厘米以上，呈长方形，故又叫做"方"或"版"。写在木版上的文字大多数是有关官方的文书、户籍、告示、信札、遣册及图画。书信多用 1 尺的牍，所以人们常将书信称为"尺牍"。牍也用来画地图，这是后世称一国疆域为"版图"的由来。

在纸发明以前，简牍是中国书籍的最主要形式，对后世书籍制度产生了深远的影响。直到今日，有关图书的名词术语、书写格式及写作方法，很大一部分依然承袭了简牍时期形成的传统。

竹简对中国文化的传播起了至关重要的作用，也正是它的出现，才得以形成百家争鸣的文化盛况，同时也使孔子、老子等人的思想和文化能流传至今。《礼记·中庸》中提到鲁哀公向孔子询问怎样管理好国家，孔子回答："文武之政，布于方策。""方"指的木版，"策"指竹片编连的简册，合起来，

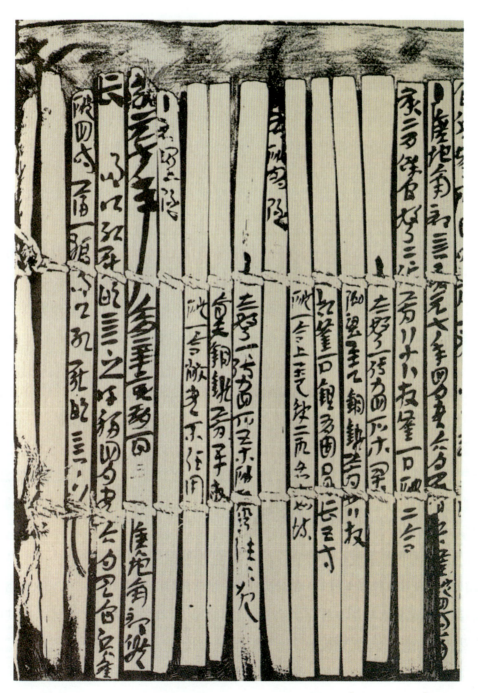

东汉《永元器物簿》木简

指的典籍。孔子告诉哀公，周文王、武王治理国家的经验都写在典籍上。

据文献记载，商代就已经有简牍。《尚书·多士》记载，周公曾对商人说："惟殷先人，有册有典。"可见当时已有书写的典籍，即用索带串编起来的简册。西周就更应有简牍记事的方式了。目前考古发现的最早简牍都是战国时代的，发现的地点多为南方，大多数是楚简，其次为秦灭楚后楚故地的秦简。早在汉晋，就发现了成批的春秋战国竹简，一次是西汉武帝时在孔子旧宅中发现的古文经书，一次是在西晋太康二年（281年）发现的包括《竹书纪年》在内的"汲冢书"。

20世纪50年代以来，发现的战国竹简多出土于南方楚地，尤其在湖南、湖北、河南等省发现多批楚简。1953年，长沙仰天湖25号楚墓出土竹简43支，该墓属于战国中期，是年代较早的竹简。1978年，湖北省随州曾侯乙墓出土了240支竹简，简长72~75厘米，记录丧礼所用兵甲车马等，总计6600字。1975年在湖北云梦睡虎地的秦墓中，发现战国秦简近1200支，还有笔、墨、砚等书写工具。墓主是一名狱吏，埋葬于秦始皇三十年（前217年），竹简的内容大部分与秦国的法律有关。这些竹简一般书写在篾黄的一面，少数连篾青（带青皮的）一面也写上。写成后依次用丝绳或帛带分上、中、下三道编组成册。秦简字体方正，横笔和撇、捺有波磔，但仍保持篆书的笔意，是典型的秦隶字体。1980年四川省青川县发现一批秦国木牍，也为典型的秦隶字体。

帛书指书写在帛上的文字。在春秋战国时代，"帛"是白色的丝织品，汉代总称丝织品为帛或缯，或合称缯帛，所以帛书也叫"缯书"。作为书写文字的材料，常与"竹帛"并称，《墨子》说"书之竹帛"，并且帛是其中贵重的一种。在汉代古籍上已有"帛书"一词，如《汉书·苏武传》载："言天子射上林中，得雁，足有系帛书。"帛书的实际应用可追溯至春秋时期，如《国语·越语》说："越王以册书帛。"

现存最早的、属于春秋中晚期的完整帛书，是1942年于湖南长沙的子弹库楚墓中发现的。根据同墓出土的帛书残片分析，可能原有帛书4件。完整的1件长约33厘米，宽41厘米，图文并茂，中间部分有两组方向相反的文字，一组13行，一组8行。四周有图像及简短的注文。整个帛书共900多字，字体为楚国文字，图像为彩绘，帛书四周有12个神的图像，每个图像周围有题记神名，在帛书四角有植物枝叶图像。郭沫若在《古代文字之辩证的发展》中指出，这件帛书"体式简略，形态平扁，接近于后世的隶书"。一般认为它是战国时期数术性质的佚书，与古代流行的历忌之书有关。这件帛书今存于美国大都会博物馆。

汉帛书主要发现于长沙马王堆3号汉墓，共有28种，计12万余字，字体有篆、隶之分。篆书抄写于汉高祖十一年（前196年）左右，隶书约抄写于汉文帝初年。其中有《周易》《战国纵横家书》《刑德》《彗星图》《五星占》《五十二病方》等。

此外，1979年在敦煌马圈湾汉代

帛书《老子》甲本 长沙马王堆汉墓出土

烽燧遗址也发现一件长条形帛书，是裁制衣服时留下的剪边，墨写隶书30字，记载边塞绢帛价格和来源。

帛书的文字排行大体整齐，间距基本相同，在力求规范整齐之中又现自然恣放之色。其字体扁平而稳定，均衡而对称，端正而严肃，介于篆隶之间，其笔法圆润流畅，直有波折，曲有挑势，于粗细变化之中显其秀美，在点画顿挫中展其清韵。

盟书是春秋战国时代各诸侯国或卿大夫之间订立盟誓时所记录的盟辞。举行盟誓时要先掘地为坎，再奉置玉币，杀牲，礼仪结束后将盟书与玉币、牺牲掩埋于坎中。盟书用毛笔书写在玉片或石片上，有的呈朱红色，可能用血写成，少数为墨色。

考古发掘的盟书重要者有三批：其一为春秋盟书，1965年在山西省侯马市春秋晚期晋国遗址发现，共5000多片；另两批为战国盟书，先后于1942年出土于山西省沁县，1980年发掘于河南省温县，总计5000多片。其中以侯马盟书最为重要。侯马盟书的书写材料是石片和玉片，有的似圭形，上尖下平，也有长方形、圆形及不规则形的。最大的长32厘米，宽约4厘米；小的长18厘米，宽不足2厘米。每片上的字数不等，最多的一片达220余字。它是目前发现时代较早且数量最多的书写文字。侯马盟书的盟誓文辞用血书写成，诅咒和卜筮用墨书写成。

此外，这一时期还有青铜铭文、石刻文字、古玺文字等铭刻文字。这些文字都有特殊的用途。作为文献的书写，使用毛笔，书于简牍和帛书，成为当时的主要形式。

正是因为有了这种全新的书写工具和书写材料，人们不再受到甲骨和铭文的限制，开始从句子向成篇的文章过渡，出现了许多杰出的文献，出现了记载古代诗歌的总集《诗经》和屈原等创作的楚辞，出现了第一次散文创作的高潮。对于历史的记载，也进入完整的书写阶段。在那个时代，国有大事，互相赴告；会盟朝聘，史不绝书；褒善贬恶，直笔不隐。各种治世之策应运而生，或儒或墨，或法或老，任其选用治国。郑振铎在《插图本中国文学史》中说："上古文学，在诗歌一方面，不过有《诗经》与《楚辞》的两个总集，伟大的作家也只有几个人。但在散文一方面，作家却风起泉涌，极一时之盛。"

散文是在文字出现以后形成的最适于实用的文学形式。而春秋战国时期书写材料的革命，才形成了散文蓬勃发展的黄金时代。

三　书同文

汉字本是同源的，但经过春秋战国数百年，各地使用字体的繁简和偏旁位置都发生了很大差异。

春秋时，西周时代"学在官府"的文化垄断被打破，列国诸侯卿大夫开始大量自铸青铜器，"言语异声，文字异形"，金文地域性风格渐趋形成。这个时期的金文增加线条的美感，使之富于装饰性，文字更具有书写的美感，体势修长、线条婉曲的金文大篆随之脱颖而出。

春秋末期起，各国就出现了文字异形的现象，列国间的金文风格差别拉大。北方的晋国出现了尖头肥腹的笔形，很像后世人说的"蝌蚪文"。南方以楚国为代表的文字，笔画多曲折，或以鸟形和点作为附饰。这种近似图案的文字多见于兵器上，应是所谓的"鸟书"。阮元说楚国"文字雄奇，不类齐鲁，可觇荆南霸气"。

到战国时，这种文字上的差异更大，同一个汉字的写法，往往齐楚有异，秦燕不同，地方差别非常明显。尤其在竹帛、货币、玺印、陶器、漆木器等带有浓厚列国痕迹的器物上，出现了各种形式多变、纷繁复杂、异国人难以辨认的字体。各国之间的文字各不相同，即使同一国内也往往几种文字杂相使用。

在六国的民间还存在一种更简略急就的字体，字形奇诡，写法草率，讹变而造成的歧义现象更为严重。

与其他诸侯国不同，秦迁都于雍，承袭了西周的故地，同时也承袭了西周的文化。正因为如此，春秋战国时期秦的文字和西周文字是一脉相承的；也正因为如此，当东方各国的文字因地区特点和文化上的原因发生横向变异时，秦国文字反而成为汉字的正统，代表了汉字发展的主流。王国维在《史籀篇疏证序》

陕西西安秦始皇陵附近出土的两诏文空心铜权

中指出："秦用籀文，六国用古文"说明了秦国与东方六国的文字差异。因此，春秋战国时代的文字可以分为两系：即秦系文字和六国文字，一般文字学家也叫做"西土文字"和"东土文字"。

秦统一六国后，这种书写文字的多样性给推行统一政令和经济、文化的交流造成严重障碍。秦朝根据新的政治制度的需要，为了尽可能消除长期因诸侯割据造成的地区差异，巩固政治上的统一，故以战国时期秦国的制度为标准，进行了一系列的政治、军事、经济、交通、思想、文字等文化统一工作，整齐划一了各项制度。《史记·秦始皇本纪》记载：秦始皇二十六年（前221年），

"一法度衡石丈尺。车同轨。书同文字。"《史记·李斯列传》中说:"明法度,定律令,皆以始皇始起。同文书。"美国汉学家陆威仪认为,实现这些统一文字、度量衡、币制等措施,在当时"需要在想象和实现之间完成一个变革的跨越"。"一个统一的帝国在中国是全新的政治形式,标准化对于有效管理和统治如此广大的国土是至关重要的,对于帝国内的民众而言也是如此。其中很多变革给予君主体制一种更为直观的形式,也给人们传达这样一种信息:必须服从统治者和他的政府。"[1]

秦始皇文化统一政策的主要措施之一是开始了文字的规范,即所谓"书同文"。秦始皇命丞相李斯统一文字,即以周朝大篆为基础,汲取战国末期诸国文字的优点,创造出一种形体匀圆齐整、笔画简略的新文字,称为"秦篆",又称"小篆",作为官方规范文字,同时废除其他异体字。

秦朝统一文字,是我国历史上第一次系统的文字规范,不仅整理了大量的异体字,还在规范过程中进行了文字简化。汉字发展到小篆,象形的意味大大减少了,进一步方块化、符号化,逐渐开始定型。小篆的形体结构跟以前的文字相比,字形固定,每个字一般只有一种写法,单独成字或作偏旁。在一个字里各部分的位置固定化,不能随意变动;偏旁不能随意更换或增减。笔画、结构简易规范,便于书写。

小篆是我国历史上第一次汉字规范化的产物,在汉字发展史上具有十分重要的地位。小篆的通行,结束了从甲骨文以来一千余年汉字形体纷繁、写法多样的混乱局面。

由李斯所制秦之小篆,篆法苛刻,书写不便,于是,程邈创制隶书,是一种更简便的文字,其目的就是为了书写方便。在六国文字的一些草率急就的字体中,特别在一些秦牍和秦简中,已经流行了早期隶书,被称为"秦隶"。

---

[1] [加]卜正民主编,《哈佛中国史》第一卷《早期中华帝国:秦与汉》,[美]陆威仪著,中信出版公司 2016 年版,第 55 页。

从篆书的线条转化为隶书的点画，是随着书法的工具材料从金石转化为笔墨竹帛而引发的书法形式的革命。隶书打破了古体汉字的传统，基本确定了此后汉字的方块字形状、笔画特点和字体结构，奠定了楷书的基础，提高了书写效率。它所带来的新体势和新风格，对以后汉字的发展产生了积极而深远的影响。

秦以后的汉字的演变也是在经秦规范过的秦小篆以及秦篆的日常书写形式的古隶的基础上发展的。秦"书同文"之后，六国文字被淘汰了，秦文字成了真正的主流。因此，秦系文字是上承西周古文、下启汉魏隶书，乃至楷书的一个重要环节。它的变化可以看作汉字按自己内部结构规律演化的一部分。

小篆和隶书的出现和使用，对于文化学术的推广、教育的开展，是有重大意义的。小篆和隶书两种形体的文字均在全国推广。其中把小篆作为秦国标准文字，隶书作为日用文字。皇帝诏书和政府正式文件一般用小篆书写，非官方文件用隶书抄写。

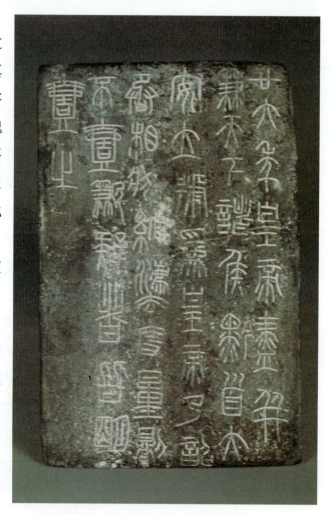

秦始皇二十六年（前 221 年）颁布统一度量衡诏书的铸版

秦汉帝王泰山封禅摩崖石刻

秦始皇下令统一和简化文字，对我国文字的发展是一次重大改革，既对推行法令、传播文化起到了重要作用，也对汉字的发展产生了重要影响，对于政治、思想文化的一体化有着至关重要的意义。

四 汉字是文化认同的主要载体

文字是语言的符号记录。从新石器时代的刻画符号，到商代甲骨文，就已经形成完整的文字体系。从那时算起，汉字已有3000多年的历史了。汉字是我们文化认同的一种符号，直到今天仍然保持着强大的生命力。虽然如今汉字的形体和结构都产生了很大的变化，但它是意音文字的本质没有改变。汉字是目前世界上仍在使用的最古老的文字之一。

汉字是中华文化的主要载体和传播工具之一。汉字汉语从古至今作为中国通用的最主要的交际工具，是中华民族的文化心理认同的主要表征。在几千年的文化传承中，汉字汉语形成了自己特殊的文化意味，深深地渗透着中国文化的基本精神。

汉字是以象形文字为基础的文字。汉字创造的方法，有一类是象形文字，是纯粹的象形符号；有一类是会意字，是通过两个或两个以上的象形符号来表达意思；还有一类是指事字，就是通过在象形基础上强调某一点来表达意思；还有占汉字八成以上的形声字，由音符和形符两部分组成，但即使是表示声符的符号也不脱离象形的基础。

这一以象形为基础的文字，包含着中国人对世界的丰富体验。因为汉字始终是非拼音文字，所以不仅表意，而且象形，其字形本身具有意义、具有象征作用。在今天，我们使用汉字，以及通过汉字阅读和接受汉文经典，就凭此进入了中国文字产生的时代—历史—社会背景，进入汉字中所蕴含的中国社会文化的生存状态。我们通过汉字进入中国传统的文化语境。

对于中华传统文化传承来说，汉字的发明具有特别重要的意义。钱穆先生说："中国文字实在是具备着'简易'和'稳定'的两个条件的，这一点不能不说是中国文化史上一种大成功，一种代表中国特征的艺术性的成功，即以'简单的驾驭繁复'，以'空灵的象征具体'的艺术之成功。要明白中国文化之所以能扩大在广大的地面上，维持至悠久的时间，中国文字之特性与其功能，亦是很重要的一个因素。"[1]

汉字是中华民族文化认同的主要载体，也是文化传承的主要载体。汉字是人类目前现存为数不多的超越时代、超越方言的文字。悠久的岁月虽然让古今读音发生变化，而字形字义却相对稳定。一代一代人的文化创造，一代又一代的经典文献，都是以汉字为主要载体而绵延不绝。由于汉字的使用，人们在时光流逝了两千多年之后仍能阅读儒家经典。

---

[1] 钱穆：《中国文化史导论》，商务印书馆 1994 年版，第 91 页。

五 汉字的国际传播与汉字文化圈

朝鲜、日本和越南三国都曾长期沿用汉字。汉字在公元前 4 世纪—公元前 3 世纪的时候就已经传到这些地区。朝鲜古时没有自己的文字。大约在公元前 5—前 2 世纪，中国的汉字便已传入朝鲜半岛，当时已形成奴隶制国家的古朝鲜和辰韩，不仅接触汉字，而且可能开始使用汉字。汉字在朝鲜三国时代已经广泛地使用了。在日本，传闻秦始皇时期的徐福东渡，是一个庞大的移民集团，其中包括方士等知识分子，也一定会把汉字带过去。285 年，王仁自百济携《论语》和《千字文》到日本，是文献记载的汉文字流入日本之开始。

这些国家初期可能主要是由到那里的中国移民使用汉字。但至迟在 5 世纪时，东亚诸国的贵族阶层已能熟练地使用汉字，在古代，汉字是东亚地区唯一的通用国际文字，各国之间的外交文书都是用汉文书写的。汉字传播到朝鲜、日本和越南后，各国都设立了汉字教育机构，而后汉字不仅是外交文书的通用文字，也成为各国国内唯一的通用文字。在这些国家中，会用汉文是贵族阶层应有的素养，被认为是有教养的象征。随着汉字的普及推广，这些国家都发展出各自的汉文文学，其史籍也多由汉字撰写。同时，学习和使用汉字，使这些国家获得了学习中华文化的便利条件，从而大量引进中国汉文典籍，包括历史、哲学、文学作品和佛教经籍等，并能在社会上广为流传，各国都涌现出不少精通汉文典籍的学者。

汉字的传播和应用，对于推动朝鲜、日本等国的文化发展具有特别重要的意义。韩国学者柳承国在论及汉字传之于朝鲜半岛时指出：

> 语言和文字，在民族文化形成中，担任着中心的角色。古代韩民族虽有固有语言，但似无文字。所以汉文的传来，在韩民族文化

史中，有划时代的贡献。……在训民正音创制以前的数千年期间，假定韩民族没有自己的文字，亦无汉文传来的话，韩民族必定停滞于文化的原始状态无疑。

汉文的传来并非只文字的传入，文字中蕴含的思想与感情亦同时传来。所谓"文者道之器"，汉文同时担当了文字与思想的角色。

由于汉文的输入，才使韩民族可学习外国文化，同时也因此使历史文化得以记录，流传下来。而国家间彼此的外交文书之制作、交换，意思传达等亦皆有赖于汉字的应用。例如，军队的邀请，使臣的朝贡，贸易的互通，皆有赖于言语的沟通，而汉字在当时，则可视为担当相当的文化媒介的角色。思想上，亦可以之阅读儒教、佛教经典，道家的书籍，医学、天文、地理、数学等，此在韩民族文化发展上，不可言不为有幸之事。[1]

关于汉字最初流入日本的情况，日本文化史学家石田一良叙述说：

固然，日本人用口头说的语言应该说绳纹时代就有了，可是日本却还没有表达自己语言的文字。汉字传来我国的时候，起先是由许多从大陆和半岛过来的人们，不久则由有教养的日本人，开始用汉字来表记书写耳闻口述的话语了。第五世纪时，日本人似乎已经到了把各氏族的神话式传说和历史的传说文字化，并且在葬礼之际拿来诵读这些当作一种礼仪了。那时，对特殊的事情和人名、地名以及歌谣等，使用中国的文字来表记。[2]

---

[1] 柳承国著，傅济功译：《韩国儒学史》，台湾商务印书馆1989年版，第12、第33—34页。

[2] ［日］石田一良著，许极炖译：《日本文化——历史的展开与特征》，上海外语教育出版社1989年版，第376页。

汉字传入日本，对日本文化的发展起到了重要的推动和促进作用。在此之前，日本只有口头语言而无文字。日本人学会使用汉字，不仅仅是掌握了一种表意和交流工具，而且为接触汉籍、了解中国思想提供了可能。正如日本学者木宫泰彦所说："中国移民使用的语言文字，是以汉人数千年来的文化为背景，具有极为复杂的内容的；他们带来的思想中，既有儒家的思想，也有道家的思想，还有阴阳五行以及谶纬的思想。通过他们加深了日本语言的内容，丰富了日本国民的思想。"[1]

"汉字既然成为东亚世界相互沟通的文字，其作用与汉字在中国一样，是东亚世界得以维持长久而不亡的主因。"[2]亦是维系中华文化圈的纽带。美国汉学家费正清（John King Fairbank，1907—1991年）说："东亚文明的大部分依赖中国文明，对汉字的喜爱和敬仰是东亚不同国家之间联系的最有力的纽带。……假使中国也使用拼音文字，那么东亚在某种意义上就成不了世界文明中有分明特色的单位。"[3]英国学者艾兹赫德（Samuel Adrian M. Adshead）也指出："汉字不仅为中国作为一个帝国打下了基础，而且为东亚的文化统一奠定了基础。"[4]

这些国家由于汉字的培育，慢慢地产生了他们自己民族、国家的文字。虽然后来这些国家几经文字改革，使用汉字的频率和范围已经逐渐减少，但仍然可见汉字对其文字影响的深刻痕迹。实际上，日文、朝鲜文以及越南历史上的"喃字"，都是在汉字影响下形成的"汉字型文字"。历史上先后有

[1] [日]木宫泰彦著，胡锡年译：《日中文化交流史》，商务印书馆1980年版，第44页。

[2] 高明士：《光被四表——中国文化与东亚世界》，刘岱主编：《永恒的巨流》，生活·读书·新知三联书店1991年版，第491页。

[3] [美]费正清、赖肖尔和克雷格著，黎鸣等译：《东亚文明：传统与变革》，天津人民出版社1992年版，第26页。

[4] [英]艾兹赫德著，姜智芹译：《世界历史中的中国》，上海人民出版社2009年版，第14页。

十几个民族曾借用、借源汉字创造了 20 多种民族汉字。汉字在传播的过程中，作为记录当地语言的符号，社会交际的工具，不断地适应、调整，因此造成了文字各种变异现象。在汉字文化圈内，不仅有记录汉语的汉字，也有记录日本语、朝鲜语、越南语、苗语、壮语等非汉语的汉字或准汉字，形成了一文多语——同一文字范式记录多种语言的汉字系统文字。

日本学者川本皓嗣指出："东亚的所谓汉字文化圈或者说儒教文化圈有时会与西方的中世纪以及文艺复兴以来的拉丁语文化圈相提并论。但二者之间有三大不同。第一，把拉丁语作为公用语的罗马帝国早在公元 4 世纪前后就已经开始衰落，不再是欧洲的中心势力了。与此相反，在东亚一直到 19 世纪中叶中国一直占统治地位。第二，与欧洲会拉丁语的知识分子的数量相比，东亚会汉文的文化人要多得多。第三，这是最重要的一点，其结果在欧洲不仅仅使用书面语言（或神圣语言）的拉丁语，而且同时使用'本国语言'（vernacular），如意大利语、法语、英语、西班牙语、葡萄牙语和德语等，依靠这些语言进行的各国间的交流也相当活跃。可是在东亚，作为文言文的汉文尽管各地的发音和读法有异，但所有的国家和地区都以它为通用的公用语。从这些国家和地区的相互交流来看，基本上是从中国这个中心向周边国家进行单向辐射的。而且各国语言之间极端缺乏交流的状态持续了相当长的时间，这在世界上也是史无前例的。"[1]

---

[1] 王能宪：《汉字与汉字文化圈》，《光明日报》2011 年 1 月 17 日。

第三章 史册与元典

一 有册有典

上一章引钱穆先生所说，战国以前是中国人"创造文字"的时代。战国以后则是"运用文字"的时代。虽然在战国以前人们就已经开始使用文字，用文字记录和表达，但是直到战国以后，人们才开始进行完整意义上的文章或文学的创作，应用文字写作成为一项自觉的文化活动。文字的创造本身就是为应用而生的，文字的创造和应用是同时的。

夏代应当就已经有了文字记录的典册，例如先秦典籍中就经常引用《夏书》或《夏训》。我国现存最早的一部物候历是《夏小正》。《史记·夏本纪》说："孔子正夏时，学者多传《夏小正》。"西周至春秋时期杞国一直使用《夏小正》。

大约是在商代的时候已有史官，甲骨文中有大史、小史、西史、东史等称谓。其职责之一是"作册"，武丁时期的卜辞中便有提及，晚期卜辞中有作册受商王之命赏赐小臣缶的事情。《尚书·多士》说："唯殷先人，有册有典。"可见当时已有书写的典籍，即用索带串编起来的简册。甲骨文中也常提到典册，这些典册当是出自作册官员之手。作册是一种奉行王命制定典册的重要官员，西周以后也称作"作册内史"或简称"史"。

周代太史寮主管宗教祭祀、册命文书、辅保教育诸事，西周初年由召公奭执掌。太史寮属下的大史是史官之长，其地位和职责十分重要。它主要掌管起草王国文书、册命诸侯卿大夫、编著史册，管理天文历法、宗教祭祀、图书典籍等事业。其下属官员有史、内史尹、内史、作册内史、右史、衙史、中史、省史、书史、作册尹、作册等，他们是分别执掌完成大史各项职责的不同级别的执行官员。据《周礼·春官》记载，他们掌管图书、记载、命令、法式之事。因为周代"学在官府"，而史官就是官府里掌管文化知识的人。王国维《观堂集林·释史》中认为，周代的"六官之属"，其中掌管文书的官员也称为"史"。可见"史"官的职务就是专门负责"藏书、读书、作书之为事"。

商周之时史官的职权范围相当大，不仅记录天子的言论与行动，而且还主管教育与宗教仪式。《周礼·春官》明确记载，太史掌管"建邦六典"，即治典、教典、礼典、政典、刑典、事典。其中掌管"教典"的职能是"以教邦国，以教官府，以扰（驯）万民"。教育也是由史官来负责进行的。只有具有优秀的品德和很深的文化造诣，方能成为好的史官。楚国有左史倚相，楚灵王称赞他能读《三坟》《五典》《八索》《九丘》等古书。

老子就是周王室著名的史官。老子早年入周拜见博士，入太学，天文、地理、人伦，无所

《夏小正》书影

不学，文物、典章、史书无所不习，三年而大有长进，博士荐其入守藏室为史。守藏室是周朝典籍收藏之所，李聃如饥似渴，博览泛观。三年后（周灵王二十一年、前551年）迁任守藏室史。据王国维考证，"周六官之属，掌文书者亦皆谓之史。则史之职专以藏书、读书、作书为事"。又说"史为掌书之官"。而太史除了管理藏书外，还管理天文历法。据《周礼注疏》，贾公彦疏以为太史为"日官"，"以其掌历数，故云日官"。总之，作为史官的老子，具有丰富的知识，其地位也是相当高的。

在周代，史官具有当时天子和诸侯的秘书性质。所有政治上的重要文件，都是由史官起草、书写和管理的。有关农业生产的时令和历法，也是由史官制定和掌管的。按年按月的国家大事，又是由史官记录的。史官也要参与宗教仪式性质的典礼。因此，史官不但是当时的历史学家，而且是天文学家和宗教家。

周代国家机构设官分职，在政治、经济、军事、宗教、文化等方面都有专设机构和专设人员来从事管理。为了管理的需要，制定法纪规章，有文字记录，汇集成专书，由当官者来掌握，这种现象，历史上称之为"学术官守"，并由此而形成"学在官府"的局面。"当时的教育有两个特点：一是官师合一。当时所有的典籍，皆藏于官府，只有掌握某种典籍的官，才能熟知某种典籍而以之教人。例如太史掌有关礼的典籍，而礼又是当时最重要的教育科目之一，因此太史便是以官兼师的。二是受教育者只有贵族而无平民。"[1] 清代学者章学诚对"学术官守"论述说："三代盛时，天下之学，无不以吏为师，《周官》三百六十，天人之学备矣。"他指出："理大物博，不可殚也。圣人为之立官分守，而文字亦从而纪焉。有官斯有法，故法具于官。有法斯有书，故官守其书。有书斯有学，故师传其学。有学斯有业，故弟子习其业。官守学业，皆出于一，而天下以同文为治，故私门无著述文字。"

---

[1]　傅乐成：《中国通史》上册，中信出版社2014年版，第201页。

由于只有官府有学，民间私家无学术，所以要学习专门知识只有到官府之中才有可能。章学诚说"学在官府"的原因在于，西周时仍用刀作笔，用竹简、木简作纸，进行书写。教学所用之"书"称为"典""籍""策""简""牍"等，都十分笨重且昂贵。这些古书记载的皆为历代天子及命官们著述的典、谟、诰、训，所制作的礼制以及创作或搜集的乐章等，皆为官府所存，民间无力复制，因而只能是"惟官有书，而民无书"。教学所用之教具，古人称之为"器"，民间同样无力购置，即使官府也不是各级都能具备国学所用之器物。此即所谓"官有其器，而民无其器"。而这些器具都是学习礼、乐、舞、射诸科所需要的教具。这种状况，决定学术必然为官守。只有为官的人掌握学术，以官府为传授学术的基地，教其子弟。只有官学，没有私学。官府完全控制着学校，学校必须以官吏为老师，各种各样的学问，都要向官府有关主管的官吏学习。

二 上古之书

古人虽然没有私人的著作，但古人并没有离开具体的事情而空谈道理。钱穆曾说："《诗》《书》早已是一种极好的史料。"[1] 钱穆先生所说的《诗》是《诗经》，《书》就是《尚书》。古时称赞人"饱读诗书"，诗、书便是分别指《诗经》《尚书》。

"尚"就是"上古"的意思，《尚书》意为"上古之书"，是中国上古历史文件和部分追述古代事迹作品的汇编。有一种说法认为"上"是"尊崇"的意思，《尚书》就是"人们所尊崇的书"。还有一种说法认为"尚"是代表"君上（君王）"的意思，因为这部书的内容大多是臣下对"君上"言论的记载，所以叫做《尚书》。战国初期《左传》等引《尚书》文字，分别称《虞书》《夏书》

---

[1] 钱穆：《中国文化史导论》，商务印书馆1994年版，第74页。

《商书》《周书》，战国时总称为《书》，到了汉代才改称《尚书》，意即"上古帝王之书"。儒家尊之为经典，故又称《书经》。

《汉书·艺文志》中提到，《尚书》原有100篇，孔子编纂并为之作序。孔子晚年集中精力整理古代典籍，将上古时期的尧舜一直到春秋时期秦穆公时期的各种重要文献资料汇集在一起，经过认真编选，选出100篇，这就是百篇《尚书》的由来。相传孔子编成《尚书》后，曾把它用作教育学生的教材。在儒家思想中，《尚书》具有极其重要的地位。

秦代的焚书给《尚书》的流传带来毁灭性打击，原有的《尚书》抄本几乎全部被焚毁。当时有一位秦博士伏生，始皇下诏烧诗书的时候，他将《书》藏在墙壁里。后来他流亡在外，待天下稍太平时回家检查所藏的《书》，发现已经失去数十篇，只余剩下的29篇，他以此在家乡教授学生。汉文帝想召他入朝，但这时他已经90多岁，不能远行，文帝便派掌故官晁错跟从他学。伏生口授，他的学生用汉代通行文字隶书抄写的《尚书》就流传开来，这就是所谓《今文尚书》（又称《今尚书》）的来源。

相传汉武帝时，鲁恭王在拆除孔子故宅的一段墙壁时，发现了另一部《尚书》，是用先秦六国时的字体书写的，人们称之为《古文尚书》。《古文尚书》经过孔子后人孔安国的整理，篇目比《今文尚书》多16篇。

然而，在西晋永嘉年间战乱中，《古文尚书》《今文尚书》全都散失了。东晋初年，豫章内史梅赜伪造《古文尚书》二十五篇，又从《今文尚书》中析出数篇，连同原有的《今文尚书》共为五十八篇，也称《古文尚书》。现通行的《十三经注疏》中的《尚书》，就是经过晋人之手的这种《古文尚书》。

清人孙星衍作《尚书今古文注疏》，广泛汲取前人考订成果，将篇目重新厘定为29卷，大抵恢复了汉代《尚书》传本的面貌。

《尚书》是我国古老的文章汇编，绝大部分应属于当时官府处理国家大事的公务文书，准确地说，它应是一部体例比较完备的公文总集。《汉书》说《尚书》取材的时代是"上断于尧，下论于秦"，说其所述历史久远。比如其中的《盘庚》，是商王的文告，可能是商朝的史官写的，这已经是很古老的历史资料了。

《尚书》分为《虞书》《夏书》《商书》《周书》四个部分，记载上起传说中的尧舜时代，下至春秋中期。基本内容是古代帝王的文告和君臣谈话内容的记录，这说明作者应是当时的史官。《虞书》《夏书》非虞、夏时所作，是后世儒家根据古代传闻编写的假托之作。

《尚书》有记言、记事之分，所录大部分为虞、夏、商、周时代的典、谟、训、诰、誓、命等文献，就是王侯对于臣僚的讲演、命令、宣言和谈话记录，属"记言"之作。"典"是重要史实或专题史实的记载；"谟"是记君臣谋略的；"训"是臣开导君主的话；"诰"是勉励的文告；"誓"是君主训诫士众的誓词；"命"是君主的命令。这些都属于记言散文。《尚书》中"记事"的作品较少，仅有《金縢》《顾命》两篇。前者记述周公藏书金縢之匮（铜绳捆束的匣子），成王开匣取书，看到周公旦的祝词，了解其忠诚之后大为感动的全过程；后者叙述了成王临终遗嘱和康王继位登基、朝享诸侯的全过程。

《尚书》主要记录虞夏商周时代部分帝王的言行，重点在仁君治民之道和贤臣事君之道。它以天命观念解释历史兴亡，为现实提供借鉴。这种天命观念的核心思想一是敬德，二是重民。自汉以来，《尚书》一直被视为中国古代社会的政治哲学经典，既是帝王的教科书，又是贵族子弟及士大夫必修的"大经大法"，在历史上很有影响。

《尚书》是中国古代散文形成的标志。据《左传》等书记载，在《尚书》之前，有《三坟》《五典》《八索》《九丘》，但这些书都没有传下来。先秦散文当从《尚书》开始。书中文章，结构渐趋完整，有一定的层次，已注意在命意谋篇上用功夫。后来春秋战国时期散文的勃兴，是对它的继承和发展。秦汉以后，各个朝代的制诰、诏令、章奏之文，都明显受它的影响。

《尚书》的文字佶屈艰深，晦涩难懂，但其中部分篇章也有一定的文采。如《盘庚》3篇，是盘庚动员臣民迁殷的训词，盘庚用"若火之燎于原，不可向迩"比喻煽动群众的"浮言"，用"若乘舟，汝弗济，臭厥载"比喻群臣坐观国家的衰败，比喻都很形象。《无逸》篇中周公劝告成王："呜呼！君子所其无逸，先知稼穑之艰难，乃逸，则知小人之依。"《秦誓》篇写秦穆公打了败仗后，检讨自己没有接受蹇叔的意见时，说："古人有言曰：'民讫自若是多盘，责人斯无难，惟受责俾如流，是惟艰哉！'我心之忧，日月逾迈，若弗云来！"话语中流露出诚恳真切的态度。《尧典》《皋陶谟》等篇中，还带有神话色彩，或篇末缀以诗歌。

三 《洪范》

《尚书》中载有一篇《洪范》，是箕子与周武王的谈话记录。

箕子是商纣王的叔父，商朝末年的太师，因封国在箕地，所以称箕子。商末年，纣王无道，不听任何劝谏。于是，微子离他而去，比干坚持劝谏，却被剖心而死，箕子则装疯卖傻以求自保，结果还是被囚禁了起来。箕子与比干、微子并称为商纣王时期的"三贤"，也就是孔子在《论语·微子》中称赞的"三仁"。

周武王灭商时，释放了箕子。箕子不忍看到殷商王朝灭亡的惨状，遂率五千人去了朝鲜。周初，分封诸侯于各地，周武王闻知箕子东走朝鲜，故封箕子为朝鲜侯。箕子在朝鲜建立国家，定都于王俭城(今平壤)，因受周之封号，遂为周之藩属。此后，每12年朝周一次。周武王十三年，箕子应武王之召至周之镐京，与武王共同讨论治国方略，箕子于是向周武王陈述"天地之大法"的记录，提出了帝王治理国家必须遵守的九种根本大法，即"洪范九畴"。《尚书·序》说："武王克殷，以箕子归，作《洪范》。"《洪范》篇说："惟

明仇英《帝王道统万年图》 第十二幅《武王访箕陈范》

十有三祀，王访于箕子。"

　　司马迁《史记·周本纪》认为是周武王访问箕子时的谈话记录，古今学者对此无异议。《洪范》是《尚书》中最可信、最受重视的篇章。但学术界对于《洪范》篇的产生年代说法不一，可以认为《洪范》的雏形"原本"产生于商末周初，只是后人（如春秋战国等）"混入"一些解释。

　　"洪"的意思就是大，"范"的意思就是法。"洪范"就是治国理政的大法。《尚书·洪范》九畴属于箕子的思想体系，这一思想体系表明了九畴的成熟，已不属于初创，而应有一定的历史渊源。文章开头武王对箕子说："上天保佑下民，监视他们的行为，我不知道它的规律秩序如何。"箕子对答说："我听说从前鲧用土来阻塞洪水，违反了五行中水的特性，上帝大怒，不给他'洪范'九畴，世界失去了常道和秩序，鲧就被杀死了。禹继承鲧的事业，上帝给了他'洪范'九畴，世界才恢复了正常秩序……"箕子所说的以上这九条治国原则，实际上是夏商两代治国的精英思想的一次总结。

在"九畴"的体系中，其中第五畴"皇极"（君主统治准则）是全部统治大法的中心，其他各畴大都是为了建立好这一"皇极"所施的各种统治手段与方法。做到"惟时厥庶民于汝极，锡汝保极"以保障"天子作民父母，以为天下王"。他认为只有这样，才能使人民顺从教化，不敢违法乱纪。而人民必须绝对服从天子，"无偏无陂，遵王之义；无有作好，遵王之道；无有作恶，遵王之路"。不要有偏私，要遵守先王的正义；不可夹杂私心的偏好，遵守着先王的大道；不要做坏事，遵守着先王的正路。君子有绝对权威，"惟辟作福，惟辟作威，惟辟玉食。臣无有作福、作威、玉食"。

箕子主张，君主要注意自己的貌、言、视、听、思等"五事"（第二畴）。箕子说所谓五事，一是容貌，二是言语，三是视察，四是听受，五是思虑。容貌要恭敬，言语要有条理，视察要清楚，听受要聪敏，思虑要通达。容貌恭敬，表现就严肃；言语有条理，办事就顺利；视察清楚，就能明辨一切；听受聪敏，谋事就能成功；思虑通达，就能成为圣人。行"五事"，以引起"休征"，即美好的征兆，顺乎天意，则风调雨顺，万事吉利。而避免"咎征"（第八畴），即不好的征兆，逆乎天意，则降灾降祸，万事不顺。要遵循岁、月、日、星辰、历数的"五纪"常理，以处理政纪（第四畴）；君主向上请示神意的手段是"卜、筮"（第七畴），向下统治臣民的手段是"刚克""柔克""作威""作福"（第六畴），也就是利用"六极"作威，利用"五福"作福（第九畴）。

这样一篇反复向君主提出行动规范的统治经验，其用意在于以此来神化君权，并提高君主自身的警惕性。这一"大法"受到周王朝统治者的高度重视，并加以奉行，成为周人治国理政的理念，对后人影响极大。

箕子从殷纣自取灭亡的历史教训中，总结出一条经验：认为君主应树立一个至大公正的标准，然后把"五福"（一是寿，二是富，三是康宁，四是亲近有德，五是长命善终）降之于人民。人民只有努力符合这个标准，才能使五福得以保持下去。所有的人民，说出好的意见，以之为教训，为之而行动，就能逐步地获得天子的光荣。所以说，天子做了人民的父母，为的是使天下有一致的归向。

箕子认为人君不能只集福于上，也得要给下民一点照顾，只有君福民，才能民保君。他把君民比喻为父子，说君王只有像父母恩育子女，才能得到民众子女般的报答。这种用民心向背来解释国家兴亡的观点，后来就被西周统治者所吸取。

《洪范》特别值得注意的是，通过武王与箕子的对话，提出了关于"五行"的观念。"五"指五物，"行"指运动。"五行"就是金、木、水、火、土五种物质元素的运动变化。五行居九畴之首，各有其性，必须顺其性而用之。《洪范》认为水性润下、火性炎上、木可曲直、金可变革、土宜生长庄稼。这是从表面现象上去说明五种物质各自的属性，认为世界万事万物都由这五种基本元素构成。"五行"的观念和思想方法，对中国后世认识世界的方法有很大的影响，成为中国人世界观的一个基本观念。

四　《周易》

在西周时，还产生了一部对于中国传统文化有极大影响的著作，即《周易》。《周易》可以说是中国最早的经典文献，堪称"众经之首""万道之源"，是中国传统文化的原典。

　　商周时代人们重视占卜。商人以骨卜为主，而周人以筮卜为主。筮卜也称易占，是运用50根蓍草和《易经》卦书来占卜吉凶。占筮之法，是先从50根蓍草中取出1根不用，然后将49根在手指间分倒3次，看余数是奇数还是偶数，便得到一个阳爻"——"或一个阴爻"— —"。然后依上述方法继续搬动蓍草，得出其余五爻，构成六十四卦中的一卦。以后，再根据《易经》上的卦、爻辞解释占问事项的凶吉。

　　筮卜与骨卜相比，其预测方式更加规范化了，在占卜的形式上，也容纳了许多丰富的历史与生活经验。从现今保存的文物中看出，商代已有契数的卦象，六十四卦的卦名也已存在，商殷之时已有与《周易》类似的文献。孔子去宋国考察殷文化所得的"殷卦书"，可以看作是《周易》的前身。

　　关于《易经》的起源，有所谓"人更三圣，世历三古"的说法。所谓"三圣"，即伏羲、周文王和孔子。据《易·系辞》说，《易经》是出自圣人之手，伏羲仰观天象，俯察地理，远取诸物，近取诸身而作八卦。周文王时，周的国力增强壮大，引起商王朝的不安。商纣王将文王拘于羑里。在被囚期间，文王可能是依据前人积累的大量筮辞，经过筛选、整理、编排，将八卦相叠演成六十四卦，写了六十四条卦辞和三百八十四条爻辞，以简单的图像和数字，以阴和阳的对立变化，来阐述纷纭繁复的社会现象，显示成千上万直至无穷的数字，具有以少示多，以简示繁，充满变化的特点。再经过后世周公和孔子等人推论解读，形成了留传至今的《周易》一书。司马迁在《史记》中说："昔西伯拘羑里，演《周易》。"

　　自秦、汉以后，研究易学者对于《周易》一书命名的内涵问题，有"三易"之说。据《周礼·春官·大卜篇》记载，易有三种，即：夏代之易，曰《连山》。据传，夏易以艮卦为首卦，象征"山之出云，连绵不绝"，故称作《连山》。商代之易曰《归藏》。据传，商易的首卦是坤卦，象征"万物莫不归藏于其中"，即万物都以大地为根源，始发端于大地，终又归藏于大地，故称作《归藏》。周代之易曰《周易》，周代人文文化的开始，首先以乾、坤两卦开始，表示天地之间，以及"天人之际"的学问。"三易"之中夏易和商易早已失传，唯周易传承至今。

流行的《周易》一书包括"经"和"传"两部分。《易经》和《易传》都非一人一时之作，而是在流传中形成的集体著作。《易经》发端于殷周之际而成书于西周时代，其很可能是前人积累了大量筮辞，经过筛选、整理、编排而形成的。周人占筮的内容极广，"以八卦占筮之八故，以眡（视）吉凶"。所谓"八故"，包括征（战事）、象（风云灾变）、与（与人以物）、谋（策划谋议）、果（事成与否）、至（来到与否）、雨（降雨与否）、瘳（病愈与否）。举凡政治、军事、生产、生活的各个方面，都可通过占筮问吉凶、知安危。《易经》内容为六十四卦的卦象、卦辞和爻辞。《易传》则完成于东周，其内容是对《易经》的解释和发挥。

《易经》之所以称为"易"，据东汉儒家学者、经学大师郑玄解释，有三个含义：一是简，二是变易，三是不易。就是说，万物之理有变有不变，现象在不断变化，而一些最基本的原则又是不会变的。《易经》以简单的图像和数字，以阴和阳的对立变化，来阐述纷纭繁复的社会现象，显示成千上万直至无穷的数字，具有以少示多，以简示繁，充满变化的特点。

对于中国传统思想史来说，《易经》按照阴阳两爻的排列组合，形成八卦、六十四卦和三百八十四爻的系统，体现了数学上的某种规律，反映了宇宙在结构和运动方面的某些奥秘。它包含了朴素的辩证思维方式，把一切事物都看成运动的、有条件的，这种思维方式把握起来更加灵活，使人有较多的思考余地。文中对天地宇宙、自然现象、社会生活的方方面面，从哲学的高度作了阐述，阐明了事物运动变化的规律。特别是对伦理道德、思想方法、事物转化、新陈代谢、治军作战、刑事诉讼、婚丧嫁娶、夫妻关系、家庭教育、喜怒哀乐、居家旅行、生老病死，以及革故立新等，都作了带有普遍规律性的论断，成为把抽象的哲理和活生生的社会生活结合起来的典范。钱穆指出：《易经》主意在教人避凶趋吉，迹近迷信，"但其实际根据，则绝不在鬼神的意志上，而只是在于人生复杂的环境和其深微的内性上面找出一恰当无连的道路或条理来。最先此种占卜应该是宗教性的，而终于把他全部伦理化了。而且此种伦理性的指点与教训，不仅止于私人生活方面，还包括种种政治、社会、人类大群的重大事件，全用一种伦理性的教训来指导，这又是中国文化之一个主要特征"[1]。

据史书载，孔子晚年很喜欢《周易》，由于经常翻阅而致"韦编三绝"，孔子说自己"五十以学《易》"。

《易经》本身只是宗教的占卜之书，但是自春秋以来，《周易》经过孔子的研究和传述，成为诸子百家学术思想的源泉。许多古代的科学与哲学都从这块沃土上诞生，成为中华文化的重要源头。钱穆指出："《易经》虽是中国一部哲学书，但同时亦可说是中国的一件文学或艺术作品。中国哲学与文学艺术是一般的极重实际，但又同想摆脱外面种种手续与堆砌，想超脱一切束缚，用空灵渊微的方法直入深处。这全都是中国国民性与中国文化之一种特征。"[2]

五　《诗经》

早在原始社会时代，就出现了文学的萌芽形式。当时的文学样式有神话和歌谣。它们都是集体的口头创作，并在长期流传中不断经过加工改造。它们形式简单，风格质朴，大都与原始的宗教仪式和祭祀活动结合在一起。后来，

---

[1]　钱穆：《中国文化史导论》，商务印书馆1994年版，第71页。
[2]　钱穆：《中国文化史导论》，商务印书馆1994年版，第68—69页。

随着文字的产生，逐渐形成了书面文学。

《诗经》是中国第一部诗歌总集，汇集了从西周初年到春秋中期500多年的诗歌305篇，是西周初年至春秋中期的诗歌总集，代表了当时文学的最高成就。

《诗经》中的诗，最初都是配乐的歌词，以古代诗歌、音乐、舞蹈三者结合的形式保留，只是后来乐谱和舞姿失传，只剩下歌词，于是就成为现在我们所见到的一部诗集了。

相传中国周代设有采诗之官，每年春天，他们摇着木铎深入民间收集民间歌谣，把能够反映人民欢乐疾苦的作品，整理后交给太师（负责音乐之官）谱曲，演唱给天子听，作为施政的参考。周朝朝廷派出专门的使者在农闲时到全国各地采集民谣，由周朝史官汇集整理后给天子看，目的是了解民情。当时的采诗官被称为"行人"。据说原有古诗3000多篇，孔子根据礼义的标准编选了其中300多篇，整理出了《诗经》。

《诗经》分"风""雅""颂"三部分，"风"为土风歌谣，"雅"为西周王畿的正声雅乐，"颂"为上层社会宗庙祭祀的舞曲歌辞。

"风"的意思是土风、风谣，包含了各地方诸侯国，大部分是黄河流域的民间乐歌，多半是经过润色后的民间歌谣，都为反映人民生活（特别是爱情生活）的民间小调，称为"十五国风"。"风"包括：周南、召南、邶风、鄘风、卫风、郑风、齐风、魏风、唐风、秦风、陈风、桧风、曹风、豳风，共有160篇。《国风》保存了不少劳动人民的口头创作，以朴素的生活画面反映社会现实，表达了他们争取美好生活的信念，是我国最早的现实主义诗篇。国风是《诗经》中的核心内容，最富于文学价值。

"雅"是朝廷的正声雅乐，共105篇。又按音乐的不同，分为"大雅"（31篇）和"小雅"（74篇）。"大雅"用于诸侯朝会，多为贵族所作；"小雅"用于贵族宴享，多为个人抒怀。"雅"固然多半是贵族文人的作品，但小雅中

《诗经·周颂·思文》诗意图《藉田之礼》

也有不少类似风谣的劳人思辞，如《黄鸟》《我行其野》《谷风》《何草不黄》等。"大雅"的一部分如较早的《生民》《公刘》《绵》《皇矣》《荡》《大明》等，是周初的史诗。史诗是历史的第一页，周代史诗的内容主要叙述自周始祖后稷至武王灭商这一时期的历史。

"颂"分"周颂"31篇、"鲁颂"4篇、"商颂"5篇，共40篇。"颂"训为"容"，即"样子""姿态"。颂是宗庙祭祀的乐歌和史诗，即用来娱乐神祇和祖先的舞蹈音乐，内容多是歌颂祖先的功业的诗句。如"周颂"是西周王朝的祭歌，在祭祀宗庙时，借以歌颂周朝祖先的功德，这是颂的含义和用途。王国维说："颂之声较风、雅为缓。"这是其音乐的特点。

《诗经》的创作年代大体为："周颂"全部和"大雅"的大部分是西周初年的作品，"大雅"的小部分和"小雅"的大部分是西周末年到春秋时的作品，"国风"的大部分和"鲁颂""商颂"的全部则是东迁以后至春秋中叶的作品。

《诗经》内容丰富，反映了劳动与爱情、战争与徭役、压迫与反抗、风俗与婚姻、祭祖与宴会，甚至天象、地貌、动物、植物等方方面面，是周代社会生活的一面镜子，被誉为古代社会的百科全书，具有重要的历史价值，是我们了解那个时代直接的文献资料。司马迁在《报任少卿书》中自述创作《史记》的动机时曾说："《诗》三百篇，大抵贤圣发愤之所作为也。此人皆意有所郁结，不得通其道，故述往事，思来者。"

"述往事，思来者"，正是《诗经》的历史价值所在。《诗经》以诗的语言"述往事"，广泛地反映了社会生活的各个方面。钱穆指出："在这三百首诗中间，虽有许多宗庙里祭享上帝鬼神和祖先的歌曲，但大体上依然是严肃与敬畏心情之流露，亦有一种'神人合一'的庄严精神与宗教情绪，但却没有一般神话性的玄想与夸大。中间亦有许多记载帝王开国英雄征伐的故事，但多是些严格经得起后代考订的历史描写，亦附随有极活泼与极真挚的同情的想象，但绝无像西方所谓史诗般的铺张与荒唐。中间亦尽有许多关涉男女两性恋爱方面的，亦只见其自守于人生规律以内之哀怨与想慕，虽极执著极诚笃，却不见有一种狂热情绪之奔放。中间亦有种种社会下层以及各方面人生失意之呼吁，虽或极悲痛极愤激，但始终是忠厚恻怛，不致陷于粗粝与冷酷。所以说，'国风好色而不淫，小雅怨诽而不乱'。又说，'哀而不伤，乐而不淫'。又说，'温柔敦厚诗教也'。这些全能指陈出在古诗中间透露出来的中国古代人心中的一种境界，一种极真挚诚笃而不偏陷的境界。"[1]

《诗经》在春秋战国时代有着非常广泛的影响。那时的士人们已经把《诗经》作为语言辞令的教科书。孔子十分重视《诗经》，他说："不学诗，无以言。"（《论语·季氏》）。《诗经》已经成为当时外交场合中常用的表意语言。孔子曾概括《诗经》宗旨为"无邪"，他多次向其弟子及儿子训诫要学《诗》，以作为立言、立行的标准。先秦诸子中，如孟子、荀子、墨子、庄子、韩非子等人在说理论证时，多引述《诗经》中的句子以增强说服力。

《诗经》是中国古代诗歌的开山之作，是中国古代文化的重要典籍。至

---

[1] 钱穆：《中国文化史导论》，商务印书馆 1994 年版，第 66—67 页。

汉代，《诗经》被儒家奉为经典，成为"六经"或"五经"之一。它的思想倾向于艺术风格影响后世文学至远至深，一部中国文学史，可以说是在《诗》的导引下得以发展的。钱穆论述了《诗经》对于中华传统文化的深远影响，他指出："我们要懂中国古代人对于世界、国家、社会、家庭种种方面的态度与观点，最好的资料，无过于此《诗经》三百首。在这里我们见到文学与伦理之凝合一致，不仅为将来中国全部文学史的渊泉，即将来完成中国伦理教训最大系统的儒家思想，亦大体由此演生。""我们要了解中国人此下发展的文学与艺术之内部精神，及其标准风格，我们亦应该从《诗经》里去探求。"[1]

六 孔子与元典

鲁哀公十一年（前484年），经过多年在外的奔波，已经68岁的孔子回到家乡鲁国。孔子回到鲁国后，致力于继续从事教育及古文献整理工作，相传他整理《诗经》《尚书》等文献，并把鲁史官所记《春秋》加以删修，成为中国第一部编年体的历史著作。

在商周时期，官府里太史、太祝、太卜等官吏，即"王官"，掌管学术文化。他们将保存在官府的资料分门别类整理汇编而成的典籍，就是"六经"。其中宫廷和民间搜集的诗歌，就是《诗》；国家的政令、国君的言论记录等档案材料，就是《书》；与卜筮有关的材料，就是《易》；典章制度与各种礼仪的材料，就是《礼》；能歌唱的乐谱，就是《乐》；历史资料就是《春秋》。章太炎说："《诗》《书》《礼》《乐》，乃周代通行之课本。"

"六经"保存了商周时代学术文化的精华部分。"六经"典籍原是"王官"藏于秘图（官府的图书馆）或太史之家的。春秋时期，随着"学在官府"

---

[1]　钱穆：《中国文化史导论》，商务印书馆1994年版，第67—68页。

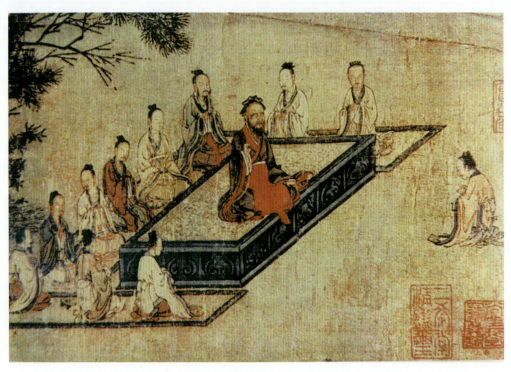

《孔子讲学图》

格局的打破，"王官"散入各诸侯国与民间，"六经"典籍也同时散入各诸侯国并流传于民间，从而成为诸子百家创造新学说、新思想的丰富资料。

在这个时期，《诗》《书》《礼》《乐》及《易》不仅被作为教材，而且在引述和论证的过程中，人们已逐渐赋予其权威性经典的意义。这虽然是一个礼坏乐崩的时代，但是当人们将社会的动荡无秩序归因于礼、乐的坏亡之时，恰恰又赋予《礼》《乐》以神圣性，赋予《诗》《书》以权威性。这种推崇，无补于救世，却提供了《诗》《书》《礼》《乐》及《易》足以修身、经世的观念的基础。

孔子对于"六经"的经典化和广泛流传起到了很大的作用。孔子是当时社会上最博学者之一，在世时就被尊奉为"天纵之圣""天之木铎"。相传他编定《书》，删节《诗》，编修《礼》《乐》，作《易传》，修《春秋》。

所以汉代以后认为孔子是"六经"的删定者和著述者，"六经"皆由孔子"手订"。《史记·孔子世家》说："自天子王侯，中国言《六艺》者折中于夫子，可谓至圣矣！"

比如《春秋》，是经过孔子修订的鲁国史记。这部《春秋》原来由鲁国史官所编，鲁国史官记录大量当时本国诸侯、大夫、国人等失礼非礼之事。鲁国史官也会收集其他诸侯国公侯大夫等失礼非礼之事，会记录诸侯国公侯大夫之间的书信内容，比如晋国叔向与郑国子产关于铸刑书的书信，其中记录了齐国史官因为保持真实记录而被杀掉的事件，等等。后来，孔子对鲁国史官记载的《春秋》进行了整理、修订，赋予特殊的意义，因而也成为儒家重要的经典。《春秋》最突出的特点就是寓褒贬于记事的"春秋笔法"。因此《春秋》被后人看作是一部"微言大义"的经典，是定名分、制法度的范本。所以孟子说，"孔子成《春秋》，乱臣贼子惧"。

唐宋以后有些学者认为"六经"并非由孔子"删""修"而成。在孔子之前，已经初步形成了《易》《诗》《书》《春秋》诸典籍，孔子对这些典籍都有比较深入的研究，做了一些整理工作，并赋予一定的新义。孔子对三代以来对文化之研究和对典籍之整理，是其学术之特色，也是其创建新说之基础，因而儒家学术之成立，实是以三代礼乐文化为基础。

孔子还以这些典籍作为讲学的教材。在孔子看来，每一种教材对培养新的士阶层都具有重要的价值和意义。冯友兰先生指出，孔子"希望经他教导的学生成为国家和社会的栋梁之材，即所谓'成人'，因此，他以经书包含的各种知识教诲学生。作为教师，他认为自己的首要任务是向青年学生解释古代的文化遗产"。"在解释古代的典制、思想时，孔子是以自己对道德的理解去诠释古代的经书。"[1]

所以，可以看作孔子是这些典籍的"传述者"。他对流散民间的周代王

---

[1] 冯友兰：《中国哲学简史》，生活·读书·新知三联书店2009年版，第44页。

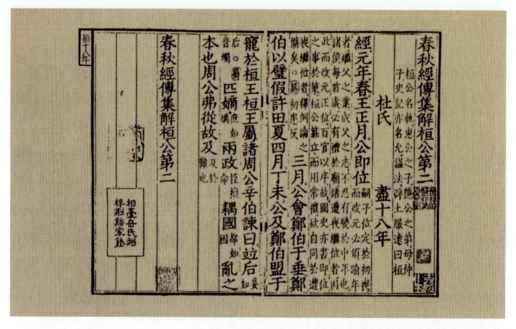

元刻本《春秋经传集解》

官典籍着力搜集，将其应用于平民教育，并在与门人及时贤的论难中，对这些典籍加以诠释，赋予新的意义，从而使这些经典精神首次得到系统的阐发。钱穆先生指出："古代典籍流到孔子手里，都发挥出一番新精神来。"[1] 这样，"六经"才得以成为后世儒家的经典。

"经"是天地的大准则、人生的大通道，称《周易》等书为"经"，说明它包括中国传统文化"天人之际"所有学问的大原理、大法则。钱穆指出："中国学术具最大权威者凡二：一曰孔子，一曰六经。孔子者，中国学术史上人格最高之标准，而六经则中国学术史上著述最高之标准也。自孔子以来二千四百年，学者言孔子必及六经，治六经者示必及孔子。"[2]

"六经"之中，秦以后传世的没有《乐》，所以只有"五经"。有人认为《乐经》亡于秦火，也有人认为《乐》本附《诗》而行，本来就没有《乐经》。这样，

---

[1] 钱穆：《中国文化史导论》，商务印书馆 1994 年版，第 76 页。

[2] 钱穆：《国学概论》，商务印书馆 1997 年版，第 2 页。

汉代以后所说的"六经"，实则为"五经"。"五经"包括《诗经》《尚书》《礼记》《周易》《春秋》五部作品。《春秋》由于文字过于简略，通常与解释《春秋》的《左传》《公羊传》《穀梁传》分别合刊。原来形成于西周时代的占卜之书《易经》，变成了一部讲道德和政治、哲学的著作，列为儒家经典之首。

汉代以后，随着儒家地位的提高，"六经治世""六经致用"成为人们的共识，这些典籍"一举高登庙堂，成为两千余年中国官方哲学的基本依凭"。[1]并构成中国学术文化的主体——经学。汉武帝时设"五经博士"，专门研究"五经"，经学开辟了中国学术文化各个门类的端绪。

冯天瑜先生提出"元典"这个概念。他所称中华文明元典，首先指的是《诗》《书》《礼》《乐》《易》《春秋》，还包括《论语》《老子》《墨子》《庄子》《孟子》《荀子》等诸子文章。这些"元典"产生在公元前6世纪前后，也就是春秋战国时期。春秋战国是中华"元典"产生的时代，所以也可以称之为"元典时代"。冯天瑜指出，这些经典著作"首次系统地而不是零碎地、深刻地而不是肤浅地、辩证地而不是刻板地表达出对于宇宙、社会和人生的观察与思考，用典籍形式将该民族的'基本精神'或曰'元精神'加以定型"[2]。

冯天瑜认为，中华元典是中华民族垂范久远的指针和取之不尽的精神源泉。他说："这一时期涌现的文化元典凝结着该民族在以往历史进程中形成的集体经验，并将该民族的族类记忆和原始意象第一次上升到自觉意识和理性高度，从而规定着该民族的价值取向及思维方式；又通过该民族特有的象征符号（民族语言、民族文字及民族修辞体系）将这种民族的集体经验和文化心态物化成文字作品，通过特定的典籍形式使该民族的类型固定下来，并对其未来走向产生至远至深的影响。"[3]

---

[1] 冯天瑜：《中华元典精神》，上海人民出版社1994年版，第90页。

[2] 冯天瑜：《中华元典精神》，上海人民出版社1994年版，第5页。

[3] 冯天瑜：《中华元典精神》，上海人民出版社1994年版，第5页。

第四章 文以载道

一 天子失官与书籍扩散

在孔子那个时代，文明的传承、知识的传递，主要还是靠口耳相传，靠人的记忆力。虽然书籍已经出现了，但使用范围还不广泛，识字的人并不多。所以，孔子只是与人们谈话和教导学生。人们都说他"述而不作"。这和希腊的苏格拉底差不多，因为那个时候，无论是中国还是希腊，写作还不是主要的文化活动。当时的一切并不完全依赖阅读，大部分的知识是历代口头传述，技艺也是一代一代地向下传授。所以，孔子很早就开始进行教学活动，有"弟子三千，贤人七十"之说。后代作为儒学经典的《论语》，是在孔子去世后由他的弟子及再传弟子把孔子的言行记录整理而成。在春秋时代以前，中国还没有识字或能阅读的大众。冯友兰先生就说："在孔子那个时代，私人著述还未兴起。孔子是中国的第一位私人教师，但他并不是中国第一位私人著述家。私人著述是在孔子之后才兴起的。"[1]

虽然孔子本人没有著书，但他很重视书籍的作用。他的学生子路曾向他建议，"由闻周之征藏史有老聃者，免而归居，夫子欲藏书，则试往因焉"。《隋书·经籍志》记载"孔子观书周室，得虞、夏、商、周四代之典"。他通过国家的藏书，了解了前四代的典章制度和历史。他把古代流传下来的"六

---

[1] 冯友兰：《中国哲学简史》，生活·读书·新知三联书店 2009 年版，第33—34 页。

艺"作为教材教育学生，还在晚年集中精力编纂古代经典，编《诗》《书》，修《春秋》，为保存和传承古代典籍发挥了重大的作用。

孔子在整理六经和编订教材时，积累和收藏了不少当时的书籍，是"中国第一代的私人藏书家"[1]。《春秋公羊传·隐公第一》记载："昔孔子受端门之命，制《春秋》之义，使子夏等十四人求《周史记》，得百二十国宝书。"郑玄《尚书序正义》记载："《尚书纬》云：孔子求书，得黄帝玄孙帝魁之书，迄于秦穆公，凡三千二百四十篇，断远取近，定可以为世法者百二十篇，以百二篇为《尚书》，十八篇为《中侯》。"说明他在编定六经时，广泛搜集各国典籍。《史记·孔子世家》云："放所居堂弟子内，后世因庙藏孔子衣冠琴车书。"《庄子》记载，"孔子西藏书于周室""藏其所著书也"。《汉书·艺文志》说，孔子的藏书历经十数代，到西汉武帝末年才被人发现。

虽然在那个时候，书籍已经流行了。但制作简牍的书写材料还很贵重，所以在西周时，书籍以及整个学术文化都只能在官方保存，就是"学术官守"。到春秋时，则出现了"天子失官"，人才四散，图籍流失。《史记·历书》说："幽、厉之后，周室微，陪臣执政，史不记时，君不告朔，故畴人子弟分散，或在诸夏，或在夷狄，是以其禨祥废而不统。"《左传·昭公二十六年》记载，周敬王四年（前516年），王子朝一批人"奉周之典籍以奔楚"，将周王室所藏的图书文献洗劫一空，带着召氏、毛氏、尹氏、南宫氏和一批丧失官职的人逃到了楚国，同时还带走不少有专门知识技能的王官百工。史称"典籍南迁"。

天子失官，文化学术随之下移，包括周王室所藏的书籍、官学中所传授的知识和技能逐渐向民间传播，从而使很多的人掌握了知识和技艺。钱穆说："史官随着周天子之封建与王室之衰微，而逐渐分布流散于列国，即为古代

---

[1] 范凤书：《中国私家藏书史》，大象出版社2001年版，第2页。

王家学术逐渐广布之第一事。"[1]冯友兰概括当时"天子失官"的情形说："在社会政治瓦解过程之中，各种知识的官方代表散落民间。这些人可能自己就是贵族，或者是以一技之长服侍君王诸侯、获得世袭官职的官吏……先前的贵族官吏，散落民间后，凭他们的专门知识或技能，开馆招收生徒，以维持生计。这些传授知识、发挥议论的私人教师，就成为'师'。这是'师'与'吏'分离的开始。"[2]

春秋初期，管仲曾建议齐桓公利用民间通晓一些技艺的人，即所谓掌握"五官技"的人，请他们帮助齐国在治政和理财上出谋划策。他说，懂诗的人，可请来记录事物；懂时的人，可请来记录年月；懂春秋的人，可请来记录国事的成败；懂出行的人，可请来指导外出道路的选择；懂易和懂卜的人，可请来预测事物发展的吉凶和成败，给他们土地、衣服和官职。有了这五种有技艺的官，便能及时发现问题和处理问题。如懂"诗"的官，记述人们的行动以免出现差错。懂"时"的官，提前说明情况，以免错过时机。懂"春秋"的官，远占得失，作为前车之鉴。懂"出行"的官，指点道路，免得弄错方向。懂"易"的官，预测祸福吉凶，以免发生错乱。吕思勉认为管仲提出的建议，正是"东周以后，官失其守，民间顾有能通其技者，管子欲利田宅、美衣食以蓄之也"。这说明周代官学中的某些课程内容，已经在春秋初期散传到民间了。

钱穆先生指出："大体在孔子以前，那时的书籍，后世称之为'经书'，那时的学术，全操在贵族阶级手里，我们可以称之为'贵族学时代'。在孔子以后的书籍，后世称之为'子书'，那时的学术，则转移到平民阶级手里，我们可以称之为'平民学时代'……在中国学术上，'贵族学时代'与'平

---

[1] 钱穆：《国史大纲》上册，商务印书馆1994年版，第94页。

[2] 冯友兰：《中国哲学简史》，生活·读书·新知三联书店2009年版，第40—42页。

民学时代'，一脉相传，只是一种演进，却不见有所剧变与反革。"[1]

虽然书很贵，但是人们还需要书。许多政治人物和学者都有自己的藏书。诸子百家为了宣传自己的主张，教育弟子，著书立说，不能没有自己的典籍文献，所以他们大都有私人藏书。战国中后期，诸子的私人藏书有所增加。《庄子·天下》篇说名家惠施博学多才，"其书五车"，后来的成语"学富五车"就出自这个典故。

书籍是文明传承和发展的最重要的载体。春秋战国那个时代达到了非常光辉的时刻，与这个时期出现了书籍，出现了书籍的流通，更有人们对于书籍的热爱，肯定是分不开的。

二　从"述"到"作"

孔子"述而不作"，那个时代的书籍都是官方的、集体的文献。战国时期，随着士阶层的兴起，文学由官方的文告、集体的著述逐渐发展为个人的独立创作，出现了孟子、庄子、荀子等对后代有重要影响的作家和屈原这样的伟大诗人。

这样，中国的书籍从"经书"进入"子书"阶段，就是钱穆说的进入"平民之学"的阶段。思想家、文人则由"述"转而为"作"，开始了个人的著书立说。

所以从战国时代开始，中国的散文创作、文学书籍、历史著作等，成批涌现出来。

在战国时期，随着社会生活的激烈动荡和变革，士阶层的迅速崛起，私学的广泛发展，以及各国争霸和变法对人才的迫切需求，创造了学术思想文化大发展的有利条件，于是有"诸子百家"之说。战国时期的百家争鸣，是

---

[1]　钱穆：《中国文化史导论》，商务印书馆1994年版，第85—86页。

一个人们思想活跃学术繁荣的时代，是中华文明发展到一定的时段必然产生的结果。

思想的活跃和学术的繁荣离不开宽松的文化氛围，宽松的氛围是思想和学术繁荣发展所必备的基本条件。各诸侯国对"士"往往都采取宽容的政策，允许学术自由。无论在战国早期魏国的"西河之学"，或是战国中期齐国的稷下学宫，还是战国晚期吕不韦以三千门客编撰《吕氏春秋》，所实行的学术政策都是宽容的。各国对"士"都给以十分优厚的待遇，而其中以齐国威王、宣王时期的稷下学宫尤为突出。田齐政权虽然倡导黄老之学，但对各家各派的学者并不排挤打击，而是兼容并包，都受到礼遇。学者们可以自由讲学、著书立说和随意议论政事。比如儒家大师孟子与齐威王、齐宣王的政见是不同的，但在稷下学宫却受到重视，爵禄也相当高。齐宣王多次向孟子问政，甚至像齐伐燕这样的重大决策，也向孟子征求意见。后来因为彼此政见不合，孟子离开齐国，但齐宣王还尽量挽留他，"欲中国而授孟子室，养弟子以万钟"，即打算给孟子建造一座房屋和万钟的俸禄。战国这种特殊历史环境，为诸子百家的形成和"百家争鸣"局面的出现创建了良好的条件。

宽松的社会环境、统治者的文化宽容政策和礼贤下士的态度，为"士"著书立说、发表个人的意见，创造了良好的条件，从而大大促进了战国时期的思想解放。社会的各阶级、各阶层的思想家，都能够自由地著书立说，四处奔走宣传自己的思想和主张，并不受到统治阶级思想的排挤和束缚。正是在这种思想相对自由、学术空气比较松动的条件下，人们才有可能进行独立的、富于创造性的精神劳作，洋溢着原创性活力的诸子著作得此时代雨露的滋润方能应运而生。后世学者，都极为羡慕百家争鸣那个时代的思想自由和学术自由，把那个时代称为中国学术史上的"黄金时代"。陆玉林在《中国学术通史》先秦卷中写道：

先秦学术都可以说是我国学术之渊薮。这一时期的学术，无论各家各派各人之见解如何，都能自由发挥，而不受政治和学术权威左右。学者之认同或宗主某家某派或某人之说，不是因为官方所定而别无选择，乃是出于自愿自觉的选择。学者之主张某种观点，虽或有现实功利的考虑，但主要还是出于自身独立自主的思考。因而，这一时代不仅是学术自由的时代，更是自由学术的时代。[1]

百家争鸣意味着思想的交锋与激荡，也意味着空前的文化交流。在这几百年的思想文化舞台上，诸子并起，学派林立，他们从不同的角度摄取当时的文化知识，著书立说，广收门徒，四处游说，互相诘难论辩又互相影响吸收，出现了学术文化"百家争鸣"的空前繁荣的局面，成为中国文化史上光彩夺目、辉煌灿烂的时期，是我国历史上思想文化最为辉煌灿烂、群星闪烁的时代，在我国思想发展史上占有重要的地位。

三 诸子百家

所谓"诸子"，是指这一时期思想领域内反映各阶级、阶层利益的思想家及著作，也是先秦至汉各种政治学派的总称，属春秋战国时期产生的私学。"百家"表明当时思想家众多。

战国时期的诸子百家，《庄子》的《天下》篇将诸子分为6类，提到姓名的思想家有十五六位。《荀子·非十二子》也把12位思想家分为6类。《吕氏春秋·不二》论及老聃、孔子、墨子、关尹、列子、陈（田）骈、阳生（即杨朱）、孙膑、王廖、儿良等11位思想家。《汉书·艺文志》中记载西汉末年刘歆的《七略》，把诸子略分为十家：儒、道、阴阳、法、名、墨、纵横、杂、农、

---

[1] 张立文主编，陆玉林著：《中国学术通史》先秦卷，人民出版社2004年版，第542页。

小说。除去小说家不谈，所以称"九流十家"。

所谓百家争鸣，指的是两种社会现象：一种是各个学派独立地阐述自己的学说思想，学派之间相互问难，进行辩论；另一种是游说诸侯。战国的诸子百家主张学以致用，为了救世，必须以其所学去游说诸侯，推出自己的政策主张、治国方略，不可避免与诸侯及其官员发生争论。在诸子百家的争鸣中，有儒、墨之争，儒、法之争，儒、道之争等。就是在一家之中，内部也有不同派别的争论。如在儒家内部有孟、荀之争；墨家在墨子死后分为三派，彼此攻击对方为"别墨"；在名家，则有惠施、公孙龙观点的对立。

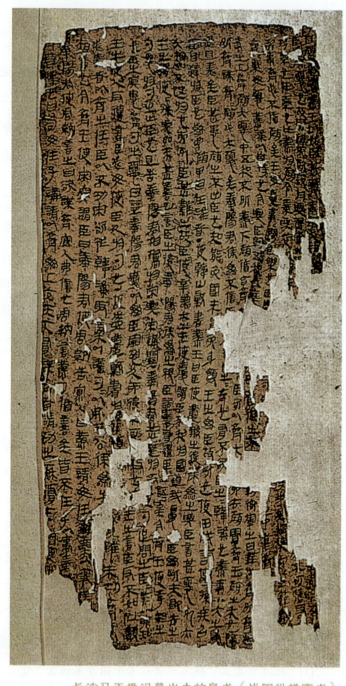

长沙马王堆汉墓出土的帛书《战国纵横家书》

诸子百家中，又以儒、墨、道三家影响为最大。儒、墨、道三家是先秦诸子之学的主流。其中儒、道两家的学说思想代代有传人，两千多年而延绵不绝，长久作用于中华民族的文化心理，为中华文化的发展奠定了思想基石。

诸子百家都有建树，分别提出和发展了涉及政治、经济、社会、军事、人生、哲学等多方面的思想，给后代留下了深刻的启示。诸子百家都从自己的立场出发，提出救世的主张，其基本宗旨大都是为国君提供政治方略。先秦诸子学术以建立政治、社会、道德与思想秩序为主题，一方面是因为礼乐崩坏之际，秩序重建乃是当务之急；另一方面乃是当时知识阶层自觉承担使命所致。先秦诸子在重建政治、社会、道德与思想的秩序的主题下展开对宇宙自然、社会人生、政治经济等方面的探索。诸子学术的立足点不同，对如何重建以及重建的法则、根据等方面的理解也不同，因而呈现出各家异说、学派林立的局面。

诸子的思想学说都以书籍的形式传世，这和孔子那个时候不一样了。他们不仅授徒讲学，同时也从事著述活动。讲学与著作相互影响，相得益彰。荀子最先提出"文以明道"，文章的创作是为了"道"，就是为了传达"天道"，传承圣人之"道"。"文以明道""文以载道"，是中国古代文学创作的目标和宗旨。中国古代散文的发展中，先秦散文为第一个大高潮，这个时代的散文影响极为深远，后来中国的一切散文传统，莫不与之相关联。

孟子晚年回到家乡，与弟子公孙丑、万章等人一起著《孟子》一书。《孟子》7篇，共35000多字，比较详细地记载了孟子游说各国时与各诸侯王以及其他人推难各种问题的经过和彼此的重要言论，虽然总的说来还没有脱离语录体形式，但无论从篇章结构还是言辞文采上，《孟子》一书都比《论语》有了很大的发展，其主要特征是具有了故事情节和明确的中心论题，是战国诸子中具有文学性的散文佳作。其文章多是对话式的论辩文，犀利雄肆，机智善辩，语气逼真，气势充沛。《孟子》善用譬喻，篇中多精彩的比喻和生

71

动的寓言，平易亲切而又发人深省。《孟子》的散文成就备受后人推崇，韩愈、柳宗元、苏洵等许多古文名家都传有《孟子》的流韵遗风。有一则轶事说，苏轼觉得自己的文章写得总不如他父亲苏洵，便向其父请教，苏洵也未说出个所以然。苏轼怀疑父亲有什么秘密，偷偷打开苏洵的枕箱，发现里面有一部《孟子》。苏轼便认真研读《孟子》，果然文章赶上了父亲。

与孟子同为儒学大师的荀子晚年在兰陵与其门徒从事著书，"嫉浊世之政，亡国乱君相属，不遂大道而营于巫祝，信禨祥……于是推儒、墨、道德之行事兴坏，序列著数万言而卒"。有《荀子》一书传世。

《荀子》共 32 篇，其中《大略》《宥坐》等 6 篇可能为其门人弟子所记，其余各篇基本可信为荀子所作。《荀子》论述范围涉及哲学、政治、经济、教育、自然、文学等诸多方面，并有专门采用文学形式创作的《赋》和《成相》。其中的文章大都是独立完整的专题论文，每篇都有概括全篇内容的标题，篇中围绕中心论点，层层深入地展开论证，结构严密，说理透彻。《荀子》标志着战国时代论说文的成熟之境。

战国初期的墨子与孔子的情况相似，墨子的弟子或再传弟子对墨子言行记录汇集成《墨子》一书。墨家后来分裂为三派，他们都传习《墨子》。

大约与孟子同时的庄子"学问博，识见广，才横溢，致广大而尽精微。庄子的学问、才思在战国时代罕有其匹，性情之真鲜有能及，处世之清高无出其右。庄子对后世之影响，非特在学术与思想，其性情与处世也为魏晋以还之士人所摹仿"[1]。《史记》说庄子"著书十余万言"。《汉书·艺文志》说，《庄子》一书 52 篇。现存的《庄子》有内篇 7 篇、外篇 15 篇、杂篇 11 篇，共 33 篇。一般认为内篇是庄子的著作，外篇、杂篇是庄子后学的著作。

《庄子》达到了诸子散文文学成就的最高峰。庄子在思想上愤世嫉俗，

---

[1] 张立文主编，陆玉林著：《中国学术通史》先秦卷，人民出版社 2004 年版，第 320 页。

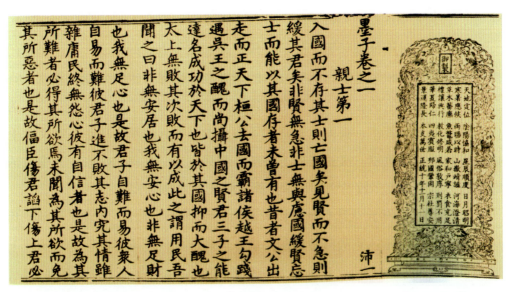

《墨子》

因而多惊世骇俗之论，其文章奇诡恣肆，富于想象，感染力强。《庄子》长于描绘，善于形容，语汇丰富，运用自如，叙事状物常常达到出神入化的境界。在形式上，《庄子》仍以对话为主，但已发展为洋洋洒洒的长篇大论，有的篇章正面论述较多，初具了完整的议论文规模。这些作品，不拘常法，放纵自由，行文与结构腾挪跌宕，开阖自如，有时忽断忽续，来去无迹，如神龙行空，夭矫变幻。篇与篇之间各不雷同，呈现出千姿百态、变化无穷的面貌。鲁迅曾称赞《庄子》"其文则汪洋辟阖，仪态万方，晚周诸子之作，莫能先也"。

　　早期法家的代表人物李悝著《法经》6篇，是我国历史上第一部比较系统的封建法典。韩非是集先秦法家思想之大成的思想家。《韩非子》是法家学派集大成的著作，其核心内容是法、术、势相结合的法治思想。

　　战国末期赵国人公孙龙属于名家学派，他的著作据《汉书·艺文志》记载，有《公孙龙子》14篇。

　　战国时期阴阳家的代表人物邹衍的著作，《史记》说有《终始》《大圣》之篇十万余言。《汉书·艺文志》说有《邹子》49篇，又说有《邹子终始》

56 篇，合起来 105 篇，但都失传。

春秋战国时期征战频繁，战争规模扩大和战争方式的改变，产生了专门指挥作战的将帅和军事家，战略战术的研究和军事思想也特别受到重视。许多军事家总结战争的经验，从事军事理论的研究，出现了以《孙子兵法》为代表的一批兵学著作，极大地丰富和发展了中国古代的军事思想，在文化上也是一种重要的贡献。汉初张良、韩信整理兵法书，共得 182 家，其中战国时期的军事家占大多数。"军事学是战国时代最发展的学问之一。"[1]

春秋后期的孙武总结春秋时代丰富的战争经验和规律，写成了《孙子兵法》13 篇，着重阐述克敌制胜的战略战术问题。宋代元丰年间，选定历代七部兵书编成《武经七书》，作为官方的军事教科书，把《孙子兵法》列在首位，称为"兵经"。

比《孙子兵法》稍早的兵学著作还有《司马穰苴兵法》。司马迁说："余读《司马兵法》，闳廓深远，虽三代征伐，未能竟其义。"《汉书·艺文志》作《军礼司马法》155 篇。战国时期传世的军事著作，还有《吴起兵法》《孙膑兵法》《尉缭子》和《六韬》等。

四 百家融合与《吕氏春秋》

春秋战国时期的百家争鸣是中国思想史和文化史上光彩夺目的一章。百家争鸣产生了六艺、诸子、史学、兵学、医学、天文、地理等大批典籍，形成后世各个学科的雏形。梁启超曾说，春秋战国时代学术思想之勃兴，"如春雷一声，万绿齐苗于广野，如火山炸裂，热石竞飞于天外。壮哉盛哉！非特中华学界之大观，抑亦世界学史之伟绩也"[2]。

---

[1] 杨宽：《战国史》，上海人民出版社 2003 年版，第 326 页。

[2] 梁启超：《论中国学术思想变迁之大势》。

百家争鸣也是中华传统文化发展历史上一次伟大的精神运动。这是中华传统文化历史上第一次伟大的精神飞跃，并且在许多领域都取得了重大的突破。从大的历史来看，新石器时代最主要的成就是奠定了中华文化的物质文明基础，建立了以农业为中心的生产方式和生活方式。三代特别是西周，建立和完善了宗法社会的制度建设，奠定了中国几千年社会发展的制度基础。而到了春秋战国这一时代，则实现了精神的飞跃，建立了中华传统文化传承和发展的思维方式以及观念形态的基础。余英时先生指出："先秦诸子的'哲学突破'是中国思想史的真正起点，支配了以后两千多年的思想格局及其流变。"[1]冯天瑜先生也说，这个时代为人类的思维提供了纵横驰骋的广阔天地，"这一历史时段因种种条件的聚会，为人类精神的自由发展创造一种千载难逢的'和而不同'的环境，人类理性十分幸运地在这一时期首次赢得真正的觉醒，激发精神文明的一次伟大的突破"[2]。

战国时期诸子百家争鸣，各家之间存在着极为错综复杂的关系，他们既有思想交锋，又有相互影响。这种情况在齐国的稷下学宫表现尤为突出。《汉书·艺文志》说：诸子百家"其言虽殊，譬犹水火，相灭亦相生也。仁之与义，敬之与和，相反皆相成也。"这是说，各家主张虽然各不一致，相互与水火一样不相容，但是并非毫无关系，往往是相灭又相生，相反又相成。在诸子百家的学术发展过程中，也往往互相补充，而使学术思想水平不断提高。

到战国末期，诸子百家进一步出现融合的趋势。各家"都在考虑吸收其他各家学术的精华，而创造出高于其他各家的理论"[3]。荀子是儒、法合流的关键人物，也是总结诸子百家的第一人。他的《非十二子》《解蔽》《天论》等篇，正是他总结诸子百家的著作。除荀子以外，韩非对儒家、墨家、杨朱

---

[1] 余英时：《中国文化史通释》，生活·读书·新知三联书店2011年版，第10页。

[2] 冯天瑜：《中华元典精神》，上海人民出版社1994年版，第103页。

[3] 张立文主编，陆玉林著：《中国学术通史》先秦卷，人民出版社2004年版，第355页。

学派和道家进行了批判吸收。他站在法家的立场上完成了法家理论的系统化，成为先秦法家集大成的人物。成书于战国末期的《庄子·天下》，则是站在道家的立场对诸子百家进行的批判性的总结。

吕不韦组织其门客编撰《吕氏春秋》一书，是诸子百家融合的重要标志。

吕不韦（？—前235年）在任秦相国期间，"招致宾客游士，欲以并天下"。《史记·吕不韦列传》说，吕不韦聚集门客三千（其中有不少来自稷下学宫），要他们"人人著所闻""以为备天地万物古今之事"，编成了《吕氏春秋》一书。

《吕氏春秋》全书共140篇，分为26卷，20余万言。此书涉及范围很广，有政治、军事、教学、文艺、礼制、数术、养生、农桑、天文、历法各方面的问题。它"勾画出一个大一统帝国统治的基本蓝图，对于现实政治统治中可能面临的种种问题，都提出了自己的解决方案"[1]。"整部书既有一定的政治主张，又有一定的组织体系。主要选取儒家、法家、兵家、农家、阴阳家的部分学说，加以综合，构成一套政治主张，准备用来作为完成统一的指导思想，并作为新创建的统一王朝的施政纲要"[2]。

清代学者汪中说："《吕氏春秋》出，则诸子之说兼而有之。"可以说是一部先秦"诸子百家"的史料汇编。《吕氏春秋》"全书反映了战国末期各流派在学术上百川归海的历史趋势。此书能积极、客观地对待先秦时代的文化遗产，公开申明超越学派门户成见，采集诸家之长，显示了对诸子百家兼容并蓄的宽广胸怀。在中国文化史上，这是第一部有统一体例、按预定的方案集体编纂完成的理论著作。"[3]

《吕氏春秋》对诸子百家兼收并蓄，因而保存了各家的思想资料，成为

---

[1] 张立文主编，周桂钿、李祥俊著：《中国学术通史》秦汉卷，人民出版社2004年版，第11页。

[2] 杨宽：《战国史》，上海人民出版社2003年版，第446页。

[3] 吕文郁：《春秋战国文化史》，东方出版中心2007年版，第188页。

先秦思想的资料汇编，许多古代的遗文佚事也靠它得以保存。

五 战国时的史学典籍

孔子编定"六经"，其中比较重要的是《春秋》。他修订的《春秋》是鲁国的史记。《春秋》语言朴素而精确，如它记载战争时，往往根据战况和作者对某一次战争的看法，分别选用伐、侵、袭、克、灭、取、歼、追等不同的词语来表达，暗含出是非观点和褒贬倾向，所以有孔子作《春秋》，乱臣贼子惧的说法。

《春秋》以事实为根据表达观点的创作方法对后世有着巨大影响。后世文人常把《春秋》的写作风格——行文简要以及暗含褒贬奉为写作的圭臬。所谓"属辞比事，《春秋》教也。"（《礼记·经解》）子曰："我欲载之空言，不如见之于行事之深切著明也。"这种"用事实说话"的写作方法，尤为后代史家所遵循。

我国历代的历史著作大都注意史实，尽量利用具体的历史事件来表达自己的观点，而不是仅以某些事件作为例证来发挥自己的见解，很少有空洞说教之作，因而史料价值很高。不过，"史书的记载，特别是《春秋》的记载，是为了从中吸取统治的经验和教训的，因此史官在记载历史时，无论内容和措辞，都必须着重于'劝诫'，于是有所谓'《春秋》笔法'。所谓'《春秋》之称，微而显，志而晦，婉而成章，尽而不污，惩恶而劝善'（《左传》成公十四年）。为了达到'劝诫'的目的，除了讲究措辞外，还要称引当时贵族中知名人士的评论，也还要用'君子曰'来加以评论。现存的春秋史书《左传》和《国语》，都有'君子曰'的评论。此后历代史学家，往往沿用这一体例来评论历史事件和历史人物"[1]。

---

[1] 杨宽：《战国史》，上海人民出版社 2003 年版，第 663 页。

　　《左传》以《春秋》为纲记叙历史，是一部以纪年为线索的编年体史书。西汉人称它为《左氏春秋》，东汉人认为它是为了传（阐释）《春秋》而写的，故改称为《春秋左氏传》，后世简称为《左传》。《左传》为战国初年的作品，它以《春秋》事略编次，用鲁君世袭隐、桓、庄、闵、僖、文、宣、成、襄、昭、定、哀十二公为序，从鲁隐公元年（前722年）写起，一直写到鲁悼公四年（前464年，比《春秋》多出17年），其叙事至于悼公十四年（前454年）为止，前后叙述了268年的历史。它博采了当时的其他史籍和文化典籍及口头史料，规模庞大，内容丰富。它叙事完整详密，其中有曲折的情节，有生动的场面，特别是对一些著名战役，写得波澜起伏，有声有色，把许多人物写得性格鲜明，形象生动。

　　与《左传》并存的还有孔子弟子子夏的弟子、战国时齐人公羊高所作的《公羊传》，同为子夏的弟子、战国时鲁人穀梁赤所作的《穀梁传》，并称为"春秋三传"。春秋三传是围绕《春秋》所形成的著作，被列入儒家经典，也就是十三经其中的三部。三传之中，《公羊》《穀梁》二传起初为口头传授，至西汉时才有成书传。

　　《左传》是中国古代第一部最翔实最生动的编年体史书，包括将近300年内几十个大国错综复杂的历史。我们可以通过这部书直接了解那时

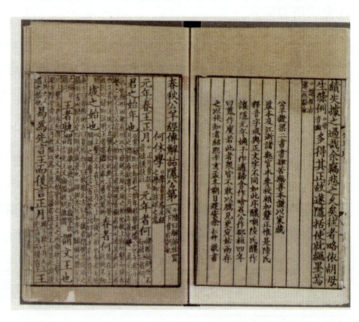

何休解诂《春秋公羊经传》

78

代的文化真相。《左传》成书后，在战国时代就有流传。汉代以后，《左传》流传日广，司马迁的《史记》不少取材于《左传》。西汉时期的河间献王刘德爱好搜集传播古代文化，成立了《左氏春秋》博士，专门讲授《左传》。

《国语》是一部记录、整理于战国时期的史籍，全书共 21 卷，分别记载西周末年至战国初期（约前 967—前 543 年）周、鲁、齐、晋、郑、楚、吴、越 8 国的历史事迹，是最早的一部国别史。人类历史最初以口语传诵为主，而以结绳刻木帮助记忆。所谓"史不失书，蒙不失诵"，讲的就是古代传诵历史的方法。春秋时代有一批瞎眼的贵族知识分子，博闻强记，熟悉历史故事，又能奏乐，善于传诵历史或歌唱史诗，称为瞽史，也称瞽蒙。他们世代相传，反复传诵，不断加工，积累了丰富的史实内容，发展成生动的文学作品。瞽蒙传诵的历史再经后人记录下来，就成为"语"，如"周语""鲁语"之类。《国语》就是记录各国瞽蒙传诵的总集。《国语》中许多故事，具体细微，杂有推测想象成分，很可能与瞽蒙的传诵增添有关。后来瞽蒙失职，他们还要以说唱方式在民间说唱故事。南宋陆游诗说：

斜阳古柳赵家庄，负鼓盲翁正作场。

死后是非谁管得，满村听说蔡中郎。

《国语》虽然分别记载了 8 国的史实，但并非 8 国史实的全貌，而只是其中的部分事件。《国语》以记言为主，主要记载与治乱兴亡有关的言论，常在其中寄寓教训，有些篇章能广泛征引史实，深入展开说理，具有婉而多讽，深切感人的特点。

《战国策》是战国时期谋臣策士的言行汇编，在先秦历史散文中，文学色彩最浓。全书共计 33 篇，基本上依照《国语》体裁，以记言为主，按国别划分，其时代上接春秋，下至秦并六国。《战国策》对往来于诸侯国之间的策士们的活动，设身处地，作了生动的记载，赞扬他们的奇谋异策。

《战国策》的思想和文风都带有浓厚的纵横家色彩，无论是记言、记事还是写人，都显得恢奇生动，文采飞扬，幽默隽永，姿态横生，辞采富丽，语言清新流丽，描写细腻准确，论辩富有气势。书中还有许多趣味盎然的寓言，如"画蛇添足""狐假虎威""鹬蚌相争""南辕北辙"等，或寓哲理，或寄讽刺，至今仍为人们喜爱。在人物刻画上，一些篇章刻镂精细，故事结构曲折而完整，人物形象个性鲜明，在艺术技巧上达到了很高的造诣。

另有《晏子春秋》，虽成书较晚，但内容则为春秋时齐国大夫晏婴从政的故事，类似后世小说。《晏子春秋》旧题"春秋齐晏婴撰"，实则为后人依托并采缀晏婴言行而作。学者们研究推测，作者应该是在齐国政治上有过较高的地位，且可能见过官府档案和历史文献的齐国故臣。《晏子春秋》有内外篇共8卷，250章。其中对盛君、谋事、君臣、威望、重民、爱民、赏罚、勤政、节俭、外交、宴乐、矜勇、社鼠、失国、政患、正邪、天道、梦兆、休咎、死生、毁誉、忠孝、隐荣、同和、善任、待人问题以及孔夫子这个人物都有记述评论。

《左传》《国语》《战国策》等都是写于战国时代的传世史学典籍。这时期的历史著作形成一种长于叙事和略有人物描写的散文风格，成为后世史学与文学的滥觞。司马迁的《史记》不仅大量地采用了《左传》《战国策》的史料，而且汲取了它们的写作技巧和语言风格。《春秋》褒贬是非以及《左传》直书无隐的精神，一直为司马迁以来的史学家所继承，成为中国史学家撰著的原则。《左传》的作者常常通过"君子"或他人之口来表达自己的观点、对历史事件和人物的评价，这种手法也为后来史家所秉承。《战国策》的纵横家雄辩余风，直接影响到汉初贾谊、晁错等政论家。

此外，汲县（今河南卫辉市）古墓中的史书，也属于战国时期的历史著作。晋代太康二年（281年）汲县人不准盗发魏襄王墓（或言安釐王冢）

3号"金"字墓，得竹书数十车。这批竹简由汲县运到京师洛阳，晋武帝命中书监荀勖、中书令和峤负责整理。竹简长度为古尺2尺4寸，以墨书写（或作漆书，亦即墨书），每简40字。通过对竹简的研究，人们发现，这些带字的竹片竟是前所未知的典籍，被称为"汲冢书"。

"汲冢书"是对其墓葬里发现的竹简内容的总称，共16种75篇，包括《易经》《穆天子传》《周书》《国语》及各种杂书，计10余万字。这是我国古代一批重要的文化典籍，也是为数不多的没被秦始皇烧掉的史书。史学界把"汲冢书"的发现与西汉武帝时从孔子旧宅发现的《古文尚书》《论语》等，殷墟发现的甲骨文，敦煌发现的藏经洞，誉为中国文化史上的"四大发现"。

"汲冢书"中最引人注目的是编年体史书13卷，后人称之为《竹书纪年》。这部《竹书纪年》是中国最早的一部纪年体史书，叙述夏商周三代之事，周幽王被犬戎所杀，西周灭亡，即接以晋国纪年，至战国三家分晋后，则用魏国纪年记事，至"今王十年"而止。所谓"今王"，据世次推算，应为魏襄王。襄王二十年即公元前299年。此书开篇是以君主纪年为纲目，上下记载了89位帝王、共1847年的历史。《竹书纪年》所记史事依时代划分为三大部分，一是夏商周三代之事，二是春秋之事，三是战国之事。战国部分时代最近，所记最为详切。

"汲冢书"中另一部重要作品是《穆天子传》。《穆天子传》是一部周穆王的传记，主要记载他周游各地的奇特经历。这是我国文学史上一部重要的作品，也是我国目前所发现的最早的传奇小说。它的整体布局颇具后世章回体小说的雏形。魏晋南北朝时期的小说，比如《汉武帝内传》《神仙传》等，可以说在很大程度上都受到了它的影响。

"汲冢书"中的《逸周书》，为战国时人所记录整理的一部古代史书。现存59篇。一部分为文王、周公的告诫、训词，有的篇章则记载武王出师克殷、建立王朝、经营洛邑、订立制度等大事。

"汲冢书"的发现，特别是其中的上述《竹书纪年》《穆天子传》和《逸周书》3 部著作，为研究春秋战国时期的历史、文学、文化发展，提供了极为丰富有益的材料。

六 屈原与楚辞

屈原是我国文学史上第一位伟大的诗人。屈原及其作品的出现，创造了我国诗歌史上的一个全新时代，即诗歌从集体歌唱到个人独立创作的时代。

屈原（约前 340—前 278 年）是楚国人，生活在战国中期，与楚怀王、楚顷襄王同时。当时七雄并峙，相互兼并，中国正面临急剧的变革，政治、思想、学术、文化的争鸣都十分活跃。郭沫若在《屈原研究》中说，比屈原稍前的有商鞅、申不害、环渊、接舆、尸佼、宋钘、孟轲、惠施、庄周、田骈、慎到、陈良、许行，比他稍后的有邹衍、公孙龙、荀况、韩非。与其同时的政治家并且和他有特殊关系的有苏秦和张仪。他的时代的确是群星丽天的时代。

屈原曾任楚国左徒和三闾大夫等官职，后受谗毁而被放逐。《楚辞·渔夫》说："屈原既放，游于江潭，行吟泽畔，颜色憔悴，形容枯槁。"他目睹楚国日益衰败，忧心愁悴，在流放期间，写下不少悲愤的诗篇。楚顷

明文征明行草《离骚》

襄王二十一年（前278年），秦将白起率军攻下郢都，楚国岌岌可危。这时屈原已经62岁，他眼看着郢都的毁灭，人民的流亡，在极度失望之际，自沉于汨罗江。[1]

屈原最主要的代表作是《离骚》。全诗共370多句，2400多字，是中国古代最为宏伟的抒情诗篇。全诗充满着对理想的执着追求和对祖国的深切爱恋。

《离骚》是屈原在政治上遭受严重挫折以后，面临个人的厄运与国家的厄运时写下的，包括对于过去和未来的思考，是一部崇高而痛苦的灵魂的自传。《离骚》先自叙身世、理想以及因参与政治革新而受谗被疏的过程，抨击了楚国政坛的黑暗现实，然后以幻想的方式表现诗人被楚王疏远之后的不懈求索和最终选择。《离骚》才气纵横、情感起伏，倾吐了诗人赤诚的爱国信念和救国无门的痛苦与忧伤。后人把"离骚"释为"离别的忧愁"，班固在《离骚赞序》中解释说："离，犹遭也；骚，忧也。明己遭忧作辞也。"

屈原在《离骚》中塑造了一个纯洁高大的抒情主人公的形象，始终闪耀着理想主义的光辉异彩。诗人以炽烈的情感、坚定的意志，追求真理，追求完美的政治，追求崇高的人格，至死不渝，产生了巨大的艺术感染力。通过这一富有鲜明个性特点的诗篇，我们可以看到一个充满爱国激情，具有崇高政治理想和峻洁人格的伟大诗人形象。

《离骚》篇幅宏伟，内容丰富，在抒情中带有叙事的成分，驰骋丰富的想象和幻想，蕴藉深厚，言近旨远。句式长短相间，参差错落，并大量使用语气词，具有蝉联不绝、一唱三叹的韵味。司马迁曾称赞《离骚》，"其文约，其辞微，其志洁，其行廉，其称文小而其指极大，举类迩而见义远"。鲁迅曾给予《离骚》以高度的评价，认为《离骚》逸响伟辞，卓绝一世。说

[1] 屈原自杀的日子，可能是五月五日或距这一天很近。五月五日原来是楚地的传统节日，后来人们就把这一天作为纪念屈原的日子，即一直流传到现在的端午节。

它与《诗经》相比，"其言甚长，其思甚幻，其文甚丽，其旨甚明，凭心而言，不遵矩度……其影响于后来之文章，乃甚或在三百篇以上"。

除《离骚》外，屈原的作品还有《九章》《九歌》《天问》和《招魂》等，多为屈原在放逐期间所作。《九章》包括屈原不同时期创作出来而由后人编辑在一起的9篇作品，除《橘颂》一篇大约是屈原的早年作品外，其他各篇均是屈原两次流放时所作。这些诗多是纪实之辞，真实地记述了屈原在流放期间的生活经历和思想感情。其精神和《离骚》一致，不过较《离骚》更为现实、悲愤一些。《天问》是屈原的一首非常奇特的长诗，它用诗歌的形式一口气提出170多个问题。这些问题包括宇宙的形成、天地的开辟、日月的运行等各类自然现象，也包括人类远古的神话传说、朝代兴亡的历史等古往今来的各个方面。

屈原的这些作品创造了一种叫作"楚辞"的新诗体，在中国诗歌史上占有重要地位。这一新诗体比起以四言为主的《诗经》来，在篇幅上、句法上、表现方法上，都有了许多发展，大大增强了诗歌的表现力。楚国位于南方的江汉沅湘流域，形成

长沙战国楚墓《巫女图》 湖南博物馆藏

了独具特色的楚文化，春秋战国时期，楚国又接受了中原文化的影响，楚辞就是楚文化和中原文化相结合的产物。楚辞的语言、形式、风格以及其中的神话传说、历史人物、风俗习惯、山川物产等，都带有鲜明的楚国地方特色，如宋人黄伯思所说，"皆书楚语，作楚声，纪楚地，名楚物"。楚文化尤其楚国艺术具有的一般特点，如较强的个体意识、激烈动荡的情感、奇幻而华丽的表现形式等，也都呈现于楚辞中。楚辞是楚文化土壤上开出的奇葩，代表了楚文化的辉煌成就。

　　"楚辞"之名，首见于《史记·张汤传》。汉代前期，人们用"楚辞"这个名称来指称屈原以及稍后的楚国诗人宋玉、唐勒、景差等人的作品，也包括汉代作家的模仿之作。当时这种文体又简称"辞"，或与赋连称为"辞赋"，由于它以屈原的《离骚》为代表，所以又有"骚"或"骚体"之名。汉成帝时，刘向典校群书，把屈原、宋玉、景差以及汉代贾谊、淮南小山、王褒等人的作品辑为一书，称作《楚辞》。这是《诗经》以后，我国古代又一部具有深远影响的诗歌总集。从此"楚辞"又成为屈原等人的总集之名。宋代研究楚辞的学者黄伯思曾解释说："盖屈、宋诸骚，皆书楚语，作楚声，纪楚地，名楚物，故可谓之'楚辞'。"鲁迅也说："战国之世……在韵言则有屈原起于楚，被谗放逐，乃作《离骚》。逸响伟辞，卓绝一世。后人惊其文采，相率仿效，以原楚产，故称'楚辞'。"

　　屈原以后，重要的楚辞作家是宋玉。历史上以屈、宋并称。关于宋玉的生平，记载很少，有人说他是屈原的弟子。宋玉的代表作品《九辩》是一首长篇政治抒情诗，从中我们可以知道，宋玉是一个"丢掉官职的贫士"，他受到朝廷群小的排挤，怀才不遇，以至流离在外，过着贫苦孤凄的生活。诗篇抒发了"坎廪兮，贫士失职而志不平"的思想感情。《九辩》在抒情诗的艺术手法上有所开拓，尤其擅长以情景交融的手法制造氛围，来抒发自己的情怀。如以秋景、秋物、秋声、秋容为衬托，表达幽怨哀悼的情怀，从而大大增强了诗篇的艺术感染力。杜甫诗《咏怀古迹》写道："摇落深知宋玉悲，风流儒雅亦吾师。怅望千秋一洒泪，萧条异代不同时。"鲁迅认为宋玉的《九辩》"虽驰神逞想不如《离骚》，而凄怨之情，实为独绝"。

七 汉代古籍的收集整理

秦始皇"焚书坑儒"，毁弃大批古代书籍文献，造成文化浩劫，不少珍贵图书因此而失传。

但是，当时所焚之书并非全部，还是有一些书籍保存下来。比如《秦纪》，是为秦统治者歌功颂德并供秦王政"子孙万世"施政借鉴之书，当然要保藏下来。儒家"六艺"中《周易》因为是"卜筮之书"，所以"独不禁"。其他的经书也有被保全下来的，如"博士官所职"的要留供研究参考。

不少经书则是学者和民间背着秦律私下保藏下来的。有记载说，魏人陈馀谓孔鲋曰："秦将灭先王之籍，而子为书籍之主，其危哉！"子鱼曰："吾为无用之学，知吾者惟友。秦非吾友，吾何危哉！吾将藏之以待其求；求至，无患矣。"（《资治通鉴》卷七）孔鲋是孔子的后代。孔子生前广收先世遗典，传至八世孙孔腾、孔鲋，将书藏于屋壁，躲过了秦始皇焚书之劫。到汉武帝时，鲁恭王毁宅出书，悉还于孔氏。其中有《古文尚书》《礼记》《孝经》《论语》等。

另外，也有人藏书于"山岩屋壁"间，到秦亡后方献了出来。《史记·儒林列传》记载："秦时焚书，伏生壁藏之。其后兵大起，流亡。汉定，伏生求其书，亡数十篇，独得二十九篇，即以教于齐鲁之间。"《史记·六国年表》说，汉代"《诗》《书》所以复见者，多藏人家"。清崔适就说："《诗》《书》虽焚，《六艺》未尝缺焉。"（《史记探原》卷八）康有为也说："秦焚六经未尝亡缺。"（《新学伪经考》卷一）

其他诸子百家的书也未必全毁，像《管子》《商君书》《韩非子》为法家著作，得以保留，《荀子》中也有法家观点，所以并未付之一炬。东汉王充说："秦虽无道，不燔诸子，诸子尺书，文篇具在。"（《论衡·书解篇》）。赵歧还说《孟子》"其书号为诸子，故篇籍得不泯绝"。（《孟子题辞》）医药、卜筮和种树的书，也都全部保留下来。还有户口、赋税、地图、族谱等，也没有被焚毁。

秦灭六国后，收集了包括秦本身的七国图籍，集中贮存于关中咸阳，作为行政管理和军事用兵的依据。之后，为了加强全国的统治、发展驿道交通等，秦中央政府又把地图作为工具，曾收集大量图籍，不仅备有"天下"各处之地图，还有全国综合性的一统之图，作为全国军政用兵的准则和依据。《史记·萧相国世家》和《汉书·萧何传》都记

明杜堇《伏生授经图》 大都会艺术博物馆藏

载刘邦进军咸阳，萧何"独先入收秦丞相御史律令图书藏之"。这里的"图书"即图籍，魏了翁与方回之《古今考》说："图谓绘画山川形势、器物制度、族姓原委、星辰度数；籍谓官吏版簿、户口生齿百凡之属。"萧何将其藏于石渠阁。《三辅黄图》卷六记载："石渠阁，萧何造，其下砻石以导水，若今御沟，因为阁名。所藏入关所得秦之图籍。"萧何入咸阳后，先收取秦王朝政府律令图书、天下图籍，并在京城修建了"石渠阁"，善藏秘书要图，始创了"中国古代第一图库"。"沛公具知天下厄塞、户口多少、强弱处、民所疾苦者，以何得秦图书也"。就是说，萧何收集的这些图籍，对于汉高祖刘邦的统一战争和治国安邦发挥了重要作用。

至西汉时，汉惠帝取消了秦代的禁书之令，民间私藏的图书陆续出现。汉文帝时，下令在全国范围内征集图书，"大收篇籍，广开献书之路"。到汉武帝继位后，又采取了"建藏书之策，置写书之官，下及诸子传说，皆充秘府"的措施。经过一段的努力，政府所搜集的图书大量增多，一直到汉成帝时，还"求遗书于天下"。可见征集图书的活动一直没有停止过。

清金廷标《曹大家授书图》（局部）　台北故宫博物院藏

汉代的民间也有许多藏书，特别是那些汉宗室和高官贵族、鸿学大儒，都有所收藏。如汉宗室淮南王刘安和河间献王刘德，都有不少藏书。在对西汉古墓的考古发现中，也出土了不少竹木简策和帛书。如山东临沂银雀山一号汉墓出土了 4942 枚竹简，有《孙膑兵法》《孙子兵法》《六韬》《尉缭子》等兵书；二号汉墓出土了 32 枚竹简，系《汉元光元年历谱》。湖南马王堆二、三号汉墓出土竹木简牍 600 余枚，其中有 200 枚医简，一部《汉武帝元光三年历谱》。同时还出土了帛书 20 余种，12 万多字。其中有《老子》2 部、《周易》《左传》《战国策》等书，还有关于天文、占卜、阴阳五行、相马、医经、地图等。

《汉书·艺文志》记载汉廷决策收集古籍的经过：

> 汉兴，改秦之败，大收篇籍，广开献书之路。迄孝武世，书缺简脱，礼坏乐崩，圣上喟然而称曰"朕甚闵焉！"于是建藏书之策，置写书之官，下及诸子传说，皆充秘府。至成帝时，以书颇散亡，使谒者陈农求遗书于天下。诏光禄大夫刘向校经传诸子诗赋，步兵校尉任宏校兵书，太史令尹咸校数术，侍医李柱国校方技。每一书已，向辄条其篇目，撮其指意，录而奏之。会向卒，哀帝复使向子侍中奉车都尉歆卒父业。

这里记载，政府组织专人对国家收藏的图书进行大规模的整理。成帝、哀帝期间，刘向（前 77—前 6 年）、刘歆（前 50—公元 23 年）父子在皇帝的支持下，主持皇家藏书的分类整理工作。经过他们几十年的努力，"大批散佚图书复其旧观；无数残篇断简，聚成完璧；众多尘封虫蠹秘籍，传世行远。这在中国文化史上是值得大书特书之事"[1]。他们试图通过典籍整理

---

[1] 郑师渠总主编，许殿才主编：《中国文化通史》秦汉卷，北京师范大学出版社 2017 年版，第 353 页。

来梳理学术发展的脉络，建立学术统一的形态。刘向把整理好的每一本都写出提要，汇集起来后献给皇上，这就是《别录》一书。"刘向等人的工作，开创了大规模校书的范例、大规模缮写定本的范例"。"刘向是中国历史文献学的创始者。他在中国历史文献学史上的地位，有类于《史记》《汉书》在中国史学编纂史上的地位" [1]。

刘向去世后，刘歆在其父工作的基础上写出《七略》。《七略》把当时的典籍分为6大类，即"六艺""诸子""诗赋""兵书""术数"和"方技"，另外有《辑略》，是刘向、刘歆所撰写的图书内容提要。《七略》共收书6大类38种，596家，13269卷。《七略》在中国图书发展史上具有重要的意义。人们今天尚能见到大量的先秦古籍，主要是依靠汉人的搜集整理之功。《七略》今已失传，但基本内容都保存在《汉书·艺文志》中，因而得以流传下来。

汉代的民间私人藏书也有所发展。西汉时，出现图书交易场所"书肆"。西汉末的扬雄曾在《法言》中说："好学而不要诸仲尼，书肆也。"可见当时已有了"书肆"这种专门售书的场所。六朝人所著的《三辅黄图》中，还记载了西汉末期长安曾出现过图书发行集市槐市，"诸生朔望会此市，各持其郡所出货物及经传书记……相与买卖"到了东汉，京师洛阳出现了专门的书肆，方便了私人藏书，也为一些好学之士所利用。东汉学者王充、荀悦年轻时因家贫无书，都是利用书肆而"博通众流百家之言"的。

东汉私人藏书比西汉进步，《后汉书》记载经学家杜林、史学家班固、文学家蔡邕、医学家华佗等人皆富藏书。蔡邕有书万卷，他的藏书后来大部分赠给学生王粲，一部分留给女儿蔡文姬。

---

[1] 白寿彝：《中古时代·秦汉时期》，中国友谊出版公司 2010 年版，第 4 页。

第二篇

纸与印刷

第五章 纸的发明：书写材料的变革

一 造纸术的发明

在先秦诸子学术文化发展的基础上，汉代的学术文化和艺文事业都有很大发展。汉武帝制定"独尊儒术"的文化政策，儒学成为汉代文化思潮的主流，被儒家奉为经典的"六经"的研究也成为一门专门学问——经学。作为由统治者所"法定"的典籍"六经"，被赋予神圣的地位，被奉为指导一切的常法。因此，"六经不仅是官方颁布的教科书，更主要的是已经成为官方意识形态的体现者，即由皇帝钦定的国家与社会的指导思想，控制社会、维系统治的重要工具和行为规范准则"[1]。在史学方面，有司马迁的《史记》及班固《汉书》，奠定了中国史学的正史传统。

汉代还出现了一些专门从事文学创作的人，散文创作又一次出现高潮，论说散文式样丰富，风格多样，品类繁多，名作如林。特别是班、马史作，晁、贾文章，达到了很高的成就。司马迁的《史记》，鲁迅称之为"无韵之离骚"，完全可以称为中国散文史上的一座丰碑。汉代文学是中国文学史上一个承前启后的重要发展阶段。它蕴含了中国多种文学体式的萌芽，奠定了中国古典文学的基础。

但是，与这样文化蓬勃发展的形势相比，书写材料已经很不适应。汉代

---

[1] 龚书铎总主编，黄朴民等著：《中国文化发展史》秦汉卷，山东教育出版社 2013 年版，第 48 页。

《天工开物》中的《制纸图》

文具虽然已有缣帛、简牍、毛笔等，但是使用并不普遍，书写还相当困难。例如在经学的传承方面，大师们的"经说"难于书诸简牍，多是师师相传，学习儒学就必须从师，经师讲学也就成为汉代大学的主要教学形式。

所以，制约文化发展的重要因素之一就在于书写材料。这样，造纸术就应运而生了。文字总是要写刻在一定的材料上，文化积累和传承，首先就是保存这些记录文字的书写材料。在纸未发明以前，人们使用过各种各样的书写材料。我国古代曾使用过龟甲、兽骨、金石、竹简、木牍、缣帛等材料书写纪事。在国外，古印度人曾用桦皮和棕榈树叶、古埃及人用莎草、欧洲人用羊皮做书写材料等。这些书写材料在各民族的文明发展过程中发挥了很重要的作用。但是，这些书写材料都有一些先天性的缺陷，如原材料不易获取，不易保存或流传，书写的容量小，价格昂贵不易普及，笨重而不便于阅读，不便于大规模地复制等。比如中国古代有一句成语，叫"学富五车"，形容一个人的学问渊博。那么"五车"载的是多少书呢？其实可能也没多少，因为那些书是写在简牍上的，所谓"五车"也就是五车简牍。如果这种状况长此下去，书籍将永远仅为极少数富人所享有。因此，在纸发明以前，这些书写材料限制了文化的普及，读书写字是少数人的事情，因而也就限制了文明发展的步伐。

造纸术的发明，是人类书写纪事材料的一次伟大革命，使人类在此之前使用过的各种书写纪事材料都陆续退出了文明活动的舞台。

造纸术是中国古代的"四大发明"之一。造纸术、印刷术、火药和指南针这"四大发明"，是中国人的伟大技术发明、伟大文化创造，它们建万古功业于中华古国，播永久芳馨于人类文苑，其光芒直贯史册，其功勋永世不灭。

中国人在很早的时候，甚至可能是在原始社会时期，就发明了缫丝织绸的技术。为了重新利用旧的丝织品，人们会将它们进行清洗，然后将其绞结成一层的纤维承载于席上。这种在水中击散并荡洗敝绵的做法，可能在两千多年前就已经是习以为常的事了。司马迁的《史记》记载，淮阴侯韩信在淮阴城下钓鱼，见到一些妇女在淮河边漂絮，其中一人连续漂絮数十日。处理敝丝，旧衣内的败絮重新利用，以及在水中洗涤麻类，都需要经常将纤维制品于水中荡涤。可能是偶然地将废弃旧纤维物置于席上晾干以后，形成了平滑的薄片，引发了当时人们制成极薄的一张纸的想法。

在造纸术发明以前，就已经有各种将纤维制成一张薄片形状的方法，包括使纤维缠结并压成毡，纺织成布，或者浸泡捶击楮树皮使之成为树皮布。中国古代文献常常提到中国南方和西南出产树皮布，叫"答布""拓布"和"谷布"。由于这些产品主要是用于制作衣服而不是书写，所以被称为"布"而不叫做"纸"，但它们捶打而成的制作过程和制纸的过程是比较接近的。在春秋时代，就有用楮皮造成的冠冕，叫"楮冠"。纸发明以后，常作为布帛的替代物用于衣服和陈饰。

在世界科技史上，一般都把东汉元兴元年（公元 105 年），即蔡伦正式向汉和帝奏明发明了纸的那一年，作为纸发明的年份。但是，纸的发明也和历史上的大部分发明一样，有一个逐渐发展的过程。任何发明的出现，一方面取决于社会对这种发明的需要程度，另一方面，社会生产力和科学技术的发展水平，已经为这种发明的出现准备了充足的条件。纸的发明也是这样。在蔡伦造纸以前，纸的发明大概已经走过了它的胚胎和萌芽阶段，而造纸技术在蔡伦那个时代才发展成熟起来。

1933 年，在新疆罗布淖尔汉代烽燧亭故址中出土了一片麻纸，同时出土的木简上有汉宣帝黄龙元年（前 49 年）的年号；1957 年，在西安市东郊的灞桥出土了公元前 2 世纪的古纸，纸呈泛黄色，已裂成碎片，最大的长度约 10 厘米。经鉴定，它是以大麻和少量苎麻的纤维为原料的，其制作技术比较原始，质地粗糙，还不便于书写。1977 年，考古工作者在甘肃居延肩水金关西汉烽塞遗址的发掘中，也发现了麻纸 2 块。其中之一，出土时团成一团，经修复展开，长宽为 12×9 厘米，色泽白净，薄而匀，一面平整，一面稍起毛，质地细密坚韧，含微量细麻线头，显微观察和化学鉴定都表明，它只含大麻纤维。同一处出土的竹简最晚的年代是汉宣帝甘露二年（前 52 年）。这些情况表明至迟于公元前 1 世纪中叶，在遥远的边塞已有了质量较高的纸，这种纸在中原的出现应更早一些，即它是在灞桥纸出来后约数十年内出现的。

这些事实说明，造纸术自发明以后，其进步是很快的。1978 年，考古工作者在陕西扶风又发掘到西汉宣帝时期的纸。1901 年，先后在新疆和甘肃敦煌发现两张东汉纸；1942 年，在内蒙古额济纳河旁的东汉烽燧遗址中，考古工作者又掘得东汉时期约公元 2 世纪初年的纸张，即所谓额济纳纸，上有六七行残字，这可以说是现存最早的字纸实物；1959 年，在新疆民丰县也发现了一张东汉纸；1974 年，在甘肃武威一座东汉墓中，发掘了一批东汉纸，这些纸比起西汉纸有着明显的进步，数十张纸的上面都有书写的字迹，有的是书信、诗抄，也有的是日常文书，可见这时的纸已经比较普遍地被人们用作书写的材料了。

蔡伦（61 或 63—121 年）是汉和帝时的太监，在宫中任职 40 余年，深得皇帝的赏识，参与军国机要，后来担任了尚方令，长期负责监制保管御用器物。在此期间，他总结了以往造纸的经验，进行了一系列的试验和革新。在原料上，除采用破布、旧渔网等废旧麻类材料外，同时还采用了树皮，从而开拓了一个崭新的原料领域。在技术工艺上更加完备和精细，除淘洗、碎切、泡沤原料之外，还可能已经开始用石灰进行碱液烹煮。

我们现在所说的"纸"是由植物纤维制造而成的，这种植物纤维纸才是真正意义上的纸。蔡伦首创其意，改良造纸，首先解决的也就是造纸原料问题。当时人们广泛使用破布、旧渔网等废旧麻类材料作为造纸原料，这为造纸技术的发展提供了重要前提。正因为廉价原料，特别是废旧物品的广泛利用，才有可能使造纸技术得以推广普及。中国古代造纸术的发明，是以机械和化学方法利用废物（破布、旧渔网等），使之成为洁白平滑的书写材料。这一发明具有极大的技术上的和经济上的意义。

蔡伦将其发明制造的成本低廉、质地良好、便于书写的纸献于汉和帝，受到皇帝的赞赏。

正是由于蔡伦的贡献，为人们提供了廉价优质、适于书写的纸张，从而使纸张的应用得到普及和推广，并引起了书写材料的历史性变革。我国学者张秀民指出：

> 纸的发明是人类文化史上的一件大事。纸是传布知识文化的媒介物，又为包裹、卫生日用不可缺少的东西。它有纸草之便而不易破裂，有竹木之廉而体积不大，有缣帛羊皮之柔软而无其贵，有金

石之久而无其笨重。并且白纸黑字一目了然，价廉物美，具备了各种材料的优点，而没有它们的缺点，直到现在还是记载文字的理想材料。无怪自从纸张出现后，不论在什么地方，它就逐渐代替原有的书写材料了。[1]

季羡林先生指出：

> 纸是中国人民最伟大的发明之一。它的发明对人类文化传播与推动所起的作用是不可计量的。在中国，有了纸，才有了印刷术的发明；有了纸，才能大量地抄书藏书印书，书籍才能流通，文化才能传播；有了纸，在世界艺术史上大放异彩的中国绘画才能得到蓬蓬勃勃的发展。纸对世界文化的贡献也是同样大的。传到欧洲，就助成了世界历史上有名的文艺复兴和宗教改革，促进了社会的进化。[2]

造纸术是影响人类文明历史进程的一项伟大发明。蔡伦首倡其意，发明造纸，创造了不可磨灭的历史功绩，并因此受到世人的尊敬和纪念。正如美国学者卡特（Thmoas Francis Carter）所说："无论如何，在中国人的心目中，他（蔡伦）和造纸已成为不可分的。后来他甚至被奉为造纸之神。"[3] 另一位美国学者德克·卜德（Derk Bodde）也指出："发明造纸的人应享有对人类文明做出巨大贡献的伟大发明家的荣誉。"[4] "全世界对蔡侯的感激之情应远远超过其他更为人们所熟知的人。"

[1] 张秀民：《中国印刷术的发明及其影响》，人民出版社1958年版，第15页。

[2] 《季羡林论中印文化交流》，新世界出版社2006年版，第30页。

[3] [美]卡特著，吴泽炎译：《中国印刷术的发明和它的西传》，商务印书馆1957年版，第19页。

[4] [美]德克·卜德：《中国物品传入西方考证》，载《中外关系史译丛》第1辑，上海译文出版社1984年版，第218、220页。

毫无疑问，造纸术是中国古代科学技术文明的一项辉煌成就。造纸术的发明，是古代中国人聪明智慧的结晶，是中华文化贡献给全人类的一件珍贵礼物。中国在造纸术发明之后，并没有垄断专用，而是与全人类共享，成为人类共同的文明成果。美国华裔学者钱存训指出：（自纸发明以后）"纸的使用日益普及。正如《后汉书》所说："自是莫不从用焉"。纸不仅盛行于中国本土，且更流传广被于全世界。在东方，纸在 4 世纪前传至朝鲜，5 世纪初传至日本。在南方，大约 3 世纪前传至越南，7 世纪前传至印度。在西方，3 世纪时传至中亚，8 世纪时传至西亚，10 世纪时传至非洲，12 世纪时传至欧洲，在 16 世纪时传至美洲，并在 19 世纪时传至澳大利亚。从公元前纸在中国发明，经过了两千多年的悠长时间，至此造纸术乃广被于全世界。"[1]

二 纸引起书写材料的革命

纸发明以后，在古代人的生活中得到了广泛的应用。虽然纸是以书写材料最为著名，但纸的发明最初并不是用作书写。一般说来，纸最早大概是用于包装和衬垫器物。古人许多家具用物也是纸做的。在唐宋诗词中多有提到日常纸制的代用品，如纸帐、纸纬、纸被、纸席、纸瓦、纸屏风等。苏轼在一首诗中写道："困眠得就纸帐暖，饱食未厌山蔬甘。"纸被和纸褥主要是僧侣、道士以及文人学士在冬天用来保暖的，他们对纸被的保暖、洁白、柔软极为称道，其舒适似乎不下于棉毛的纺织品。在使用玻璃以前，上至宫室，下至农家，窗格都用白纸裱糊。在娱乐生活中，有剪纸、折纸、纸花、纸风筝、纸牌等。另外，在宋代还发明了纸币，称为"交子"或"会子"。纸在许多祭奠和仪礼中都曾起过特别重要的作用。如家庭祭祀、民间宗教和某些供奉

---

[1]　[美]钱存训：《书于竹帛——中国古代的文字记录》，上海书店出版社2004 年版，第 117—118 页。

圣贤的场合中，用纸代替实物已成为社会上一般通行的风俗。

纸在日常生活中有着广泛的用途，但最重要的还是作为书写材料。在纸的故事中，其他东西扮演的都是配角，只有文字才是当之无愧的主角。因为文字，因为作为文字的载体，纸的发明才在世界文明史上占有了无与伦比的重要地位。

当纸代替了其他物质形态的书写材料，成为人们普遍使用的书写材料后，出现了什么情况呢？简单地说，纸具备了适合书写的一切优点，比如原材料广泛，价格低廉，轻便，宜于长期保存，纸面光滑书写容易，阅读方便等。促成了纸的使用的普及，更多的人有更多的条件来使用纸写字，这样读书和写作的人就多了。同时，也改变了人们的书写方式和阅读方式。大而言之，就是促进了文化的普及，推动了文化的大发展和大繁荣。

总之，造纸术的发明，是人类书写纪事材料的一次伟大革命，使人类在此之前使用过的各种书写纪事材料都陆续退出了文明活动的舞台。

在东汉时期，人们使用的主要书写材料是简牍和缣帛。蔡伦发明造纸术的时候，并没有特意提出用纸来书写。当时主政的邓太后在推广纸的应用方面发挥了重要作用。正是从这时开始，纸作为新型的书写纪事材料才逐渐取代了简牍缣帛，人们逐渐习惯于用纸来书写，纸成了占支配地位的书写材料。

在纸的书写应用方面，有一个标志性的年代，是公元403年，也就是纸发明之后的300年，这个时候是中国东晋时期。东晋末年的桓玄曾下令："古无纸，故用简，非主于敬也。今诸用简者，皆以黄纸代之。"统治者的大力提倡，为纸的使用普及起到了推波助澜的作用。人们逐渐习惯于用纸来书写，纸成了占支配地位的书写材料。从此，延续上千年的简牍和缣帛就正式退出了书写领域，被纸彻底取代了。

此后，造纸业有了更大的发展，而纸的广泛应用有力地促进了书籍文献资料的大幅增加和科学文化的进步与传播，极大地促进了文化的繁荣发展。

价格昂贵的竹简和锦帛退出了中国人的书写领域，人们普遍采用纸来记录和书写，古典的书籍文献和文艺作品也用纸重新传抄，能够读到书的人越来越多。因而此后不久，就出现了盛唐时代的文化繁荣景象。画家书法家在纸上挥毫泼墨，实际上是因为有了纸的使用的普及，才有了中国绘画艺术和书法艺术的大发展。而僧侣们在纸上抄写佛经，对于佛教的传播具有极大的意义。李白、杜甫等大诗人把诗句写在纸上，供人们广泛传诵。也正是在纸的广泛应用的基础上，促使了雕版印刷术的发明，改变了书籍的形态，使书籍的大量生产和广泛传播成为可能。

所以说，"纸写本是传播人类文明的圣火"。书写材料是文化传播和文明传承的重要载体，这个载体由于变得方便和平民化，所以使文化的普及和在普及基础上的大发展成为可能。

三 造纸技术的发展与普及

自蔡伦以后，中国造纸业和造纸技术得到持续地发展。人们一方面不断地开辟着新的造纸原料，一方面在工艺技术上不断地进行着改进，使纸的品质越来越提高，品种越来越多样。到了魏晋南北朝时期，造纸业在产量、质量和加工等方面都比东汉时有所提高。造纸原料来源不断扩大，造纸设备也得到革新，出现了新的工艺技术，产纸区域增多，纸的传播也越来越广，造纸名工辈出。

造纸原料的多样化为造纸业的大发展提供了前提条件。麻大概是最早采用的造纸原料，所造的纸被称为"麻纸"；东汉时用得比较多的是楮树皮，称为"皮纸"；晋代开始用藤造纸，称为"藤纸"；从唐代开始用竹子造纸，称为"竹纸"。此外还有许多其他能提供纤维的植物原料。

印刷术发明后，更促进了造纸业的迅速发展，出现了造纸工业普及、造纸技术提高、纸广泛应用的局面，开创并形成了造纸业的兴盛时期。

唐代的造纸业已经是一种较为普通的手工业了，造纸技术广为传播，遍及全国各地。据《新唐书·地理志》《元和郡县图志》等史籍记载，全国有15个地区掌握了造纸生产技术，兴办了造纸作坊。当时的常州、杭州、越州、婺州、衢州，安徽的宣州、歙州、池州，江西的江州、信州，湖南的衡州，四川的益州，广东的韶州，山西的蒲州，河北的巨鹿郡都建立了官办和民营的造纸作坊。

各地的造纸作坊，根据本地区的原材料资源，因地制宜，就地取材，使用的原材料品种很多，数量也有了保障。北宋苏易简《文房四谱》写道："蜀中多以麻为纸……江浙间多以嫩竹为纸；北土以桑皮为纸；剡溪以藤为纸；海人以苔为纸，浙人以麦茎、稻秆为纸……"

唐代纸张的用途和数量十分广泛。唐时整理了大量的古籍，重新加工整理疏注了几乎散失的"九经"，包括《仪礼》《礼记》《左传》《公羊传》《榖梁传》《易》《书》《诗》等，共计成书360卷。编著《晋书》《南史》《北史》《隋书》计395卷。玄奘主持翻译梵文佛经73部共1330卷。这些书籍的抄写都需要大量纸张。此外，唐代的书法、绘画、朝廷文治、民间记账、生产鞭炮、纸花、雨伞、纸扇、屏风、纸帽、字帖、窗画、裱糊、冥钱等，都需要使用大量的纸张。

为了适应多种需求的用纸，唐代的造纸技术也不断创新，不断研究生产出各具特色的新品种。《唐六典》记载：益州有大小黄、白麻纸，均州有大模纸，蒲州产细薄白纸，杭、婺、衢、越等州有上细黄白状纸。如果按产地划分则有蜀纸、峡纸、剡纸、宣纸、歙纸。按原料命名则有楮纸、藤纸、桑皮纸、海苔纸、草纸。按制造工艺划分则有金泥纸、松花纸、五云笺、金粉纸、冷金纸、流沙纸。按质地分则有绫纸、薄纸、矾纸、玉版纸、锦囊纸、硬黄纸。依颜色划分则有红纸、青纸、绿纸、白碧纸等。其品种之多，数不胜数。

麻纸是以麻为原料制成的纸张。主要供官府作文书用纸。麻纸又有白麻纸、黄麻纸、五色麻纸 3 种，朝廷按照官员的官阶等级和文书类别予以采用。当时，以四川出产的麻纸最为著名。据《唐书·经籍志》记载，唐玄宗开元年间，西京长安和东京洛阳两地各编纂经、史、子、集四库书一套，共计 125960 卷，皆以益州麻纸写。

造纸匠还发明并生产出了"防水纸""防虫蛀纸"。扬州六合的麻纸不仅质量高，还具有防潮、防水性能，有"年岁之久，入水不濡"的记载。这种纸在晋代就有生产，系用黄檗汁浸染麻纸，因黄檗中含有生物碱成分，主要是小檗碱（即黄连素），所以能防虫蛀。这些技术成果充分说明当时的造纸技术已达到很高的水平。

藤纸始见于东晋，到了唐代已大量生产，主要产于浙、赣两省靠山近水的地区。因为藤纸质量上乘，颇为官府及文人所喜欢。文人雅士以用藤纸为荣。唐顾况赋诗《剡纸歌》一首，诗中写道：

> 剡溪剡纸生剡藤，喷水捣后为蕉叶，
>
> 欲写金人金口经，寄与山阴山里僧。
>
> 手把山中紫罗笔，思量点画龙蛇出，
>
> 正是垂头蹋翼时，不免向君求此物。

宣纸是唐代创造的一种名纸，原产于宣州泾县，因产地而得名宣纸。宣纸是以青檀树皮为原料制作的。在生产时，选料严格，制作精细，胶汁使用得当，捞纸技术纯熟，晒纸工艺高超，从而保证了宣纸的质量。具有抗蛀不腐、水浸日晒不变色的性能和匀薄、洁白、坚韧、吸墨等优点，素以质地柔韧、洁白细腻、平滑匀整、色泽耐久而著称，故获得"纸寿千年"的美誉。宣纸有生、熟之别。"生宣"吸水性大，适用于山水、人物的写意画和书法；"熟宣"由生宣加工而成，适于工笔绘画。

楮纸是隋唐时代大量生产和广泛流行的品种之一。楮纸采用楮皮所制，以当时蜀郡广都的产品最为有名，主要用于薄、契、图、牒。也有不少人用此纸传印经、史、子、集，故有"败楮遗墨人争宝，广都市上有余荣"的赞美之词。楮皮的纤维细长，楮纸质量好，便于二次加工。唐时许多名贵的纸都是用楮纸再加工而成的。唐宪宗时，女诗人薛涛把楮纸裁成窄幅，用一种红色的花汁，将其浸染成深红色的小纸笺，用于抄录短诗，被人称之"薛涛笺"。诗人李商隐作诗赞美道，"浣花笺纸桃花美，好好题诗咏玉钩"。

竹纸是隋唐五代时期开发的新纸种。唐李肇《国史补》记载有"韶之竹笺"，说明此笺采用竹纸制作。初期的竹纸产于韶州，这里气候温暖潮湿，益于竹子生长，竹林资源丰富，因此得以迅速发展。到了宋代，竹纸生产在造纸业中已占有重要的地位。

当时蜀郡生产一种叫"鱼子笺"的加工纸。将纸面加工后呈霜粒状或鱼籽状。晚唐陆龟蒙赋诗赞云：

> 捣成霜粒细鳞鳞，知作愁吟喜见分；
> 今日乍惊新茧色，临风时辨白萍文。

"白萍"即鱼籽，可见"鱼子笺"深受人们欢迎和喜爱。唐代还生产出一种图纹加工纸，其加工方法是把各种颜色的云母粉末，涂在刻有各种花纹图案的木版上，然后，再将纸覆盖在木版上，经加压，纸面上就印上了花草、竹木、龙凤、云鹤等图纹，极为古朴、典雅，颇具艺术特色，不仅在国内非常流行，也受朝鲜、日本等国所欢迎。

"澄心堂纸"是五代时期的名纸之一。五代南唐后主李煜擅写诗词，喜欢收藏书籍和纸张，为此将金陵官府的一幢房子命名为"澄心堂"，作为作诗藏书之地。李煜还特地令四川造纸工匠来到"澄心堂"，仿照蜀纸制成一种质地优良的新纸，并命名为"澄心堂纸"。因为澄心堂纸的质量非常好，以致一纸值百金，是纸品中的佼佼者。

到了宋代，随着印刷业的发展，印书纸的生产在造纸业中愈益重要，民间造纸业发展很快。各地造纸的原料和制作技术都不相同，纸的品种极多，产量大增，仅徽州每年便上供 7 种纸，144 万多张。北方造纸多用桑皮，川蜀地区用麻，沿海地区用苔，两浙等地则用麦秆、稻秆、嫩竹、油藤。宋代纸幅比前代增大许多，反映了造纸技术的进步。徽州黟县、歙县生产的纸张长达 5 丈。宋代的纸张一般都达到薄、软、轻、韧、细的水平，以江西清江的藤纸、徽州的龙须纸、平江的春膏纸较为著名。一些地方还对纸张加粉、加蜡、染色、砑花，制成精美的色笺。

四 纸与造纸术对世界文明的意义

造纸术的发明，使纸成为一种新型的书写材料而广泛应用，对于整个人类文明的发展历史来说，具有重大的意义。

造纸术的发明在根本上改变了人们的书写材料。这是一个在人类文明发展的历史上具有至关重大意义的发明。

各民族的先人们做过许许多多的尝试，创制了多种多样的书写材料。但是，在纸发明以前，这些书写材料限制了文化的普及，读书写字是少数人的事情，因而也就限制了文明发展的步伐。美国学者德克·卜德指出："在后来西方文明发展的整个过程中，纸所产生的影响是不可估量的。没有这种廉价的书写材料，印刷术就未必能被人们普遍利用。例如古腾堡的《圣经》大概是欧洲第一部用活字版印刷的书籍，它也是世界上印在羊皮纸上为数极少的几部书籍之一。据估计，印制一部《圣经》要用多达三百只羊的皮。如果这种状况长此下去，书籍将永远仅为极少数富人所享有。印刷术也绝不会成功地胜过那古老的、在某种意义上来说更具有艺术性的手抄复制原稿的方法。全世界对蔡侯的感激之情应远远超过其他更为人们所熟知的人。"[1]

所以，当纸出现的时候，各民族其他的书写材料就都陆续退出了文明的历史舞台，主要作为一种考古学意义上的文物保留了。人们开始普遍用纸来作为书写的材料，人类文明的历史开始写在纸本上了。"纸的出现是人类文字载体发展史中划时代的革命。二千多年来作为世界各国通用的书写材料，在推动人类文明发展中起到重大作用"[2]。

那么，当纸代替了其他物质形态的书写材料，成为人们普遍使用的书写材料后，出现了什么情况呢？简单地说，纸具备了适合书写的一切优点，比如：原材料广泛，价格低廉，轻便，宜于长期保存，纸面光滑书写容易，阅读方便等。这些优点就促成了纸的普及，更多的人有更多的条件来使用纸写字。这样，读书和写作的人就多了。同时，也就改变了人们的书写方式，改变了人们的阅读方式。大而言之，就是促进了文化的普及，因而推动了文化的大发展和大繁荣。例如在造纸术出现以后，价格昂贵的竹简和锦帛退出了中国人的书写领域，人们普遍采用纸来记录和书写，古典的书籍文献和文艺作品也用纸重新传抄，能够读到的人越来越多。因而此后不久，就出现了盛唐时代的文化繁荣景象。书写材料是文化传播和文明传承的重要载体，这个载体由于变得方便和平民化，所以文化的普及和在普及基础上的大发展成为可能。法国学者布尔努瓦（Lucette Boulnois）在其著名的《丝绸之路》一书中指出："纸张是从中国为我们传来的另一种重大发明……其文化意义是无法计算的，纸张引起了拓印术和印刷术的发明。由此而开始了书籍的传播。佛教经典的经书、

[1] 德克·卜德：《中国物品传入西方考证》，《中外关系史译丛》第 1 辑，上海译文出版社 1984 年版，第 219—220 页。

[2] 潘吉星：《中国古代四大发明——源流、外传及其世界影响》，中国科技大学出版社 2002 年版，第 507 页。

儒教经典的书、断代史书、科学书、医学书，所有可以传播的人类知识都能被大量印刷，并使人以相对低廉的价格获得，这就是此种发明的最早效益。"[1]

值得注意的一个现象是，在欧洲，造纸术和印刷术几乎是同时传播过去的。实际上，造纸术和印刷术是一个相互关联的发明。没有纸，印刷术几乎没有可能谈起。因为说到印刷，就是指在纸上的印刷。在纸上的印刷，就出现了现代意义上的"书籍"。在此之前，书籍的概念多指手抄本。手抄本的繁重劳动和高昂价格使其推广十分困难。13 世纪以后，造纸术和印刷术先后传播到欧洲，在此基础上，大量印本书的出现，大大促进了欧洲人的读写生活的变化，促进了宗教改革和新思想、新科学的传播，因而出现了文艺复兴时期。

以上我们主要围绕书写材料的概念来说纸的发明的重大文化意义。这是造纸术的主要文化意义，是它在人类文明历史上的最重要意义。但是，任何重大的发明都是一个连续的现象，都会有许多附带的成果。或者说，都是一个"发明群"。造纸术和印刷术就构成了一个"发明群"。在纸张的使用上，其本身也具有多方面的使用价值和功能，因而也是一个"发明群"。许多专家都论述过纸在人们的日常生活和文明发展中的多方面用途，例如因为有了纸的使用的普及，才有了中国的绘画艺术和书法艺术的大发展。如果没有纸，中国的绘画和书法艺术的历史大概就不是现在我们看到的这个样子了。

五 佣书与抄经

在中国，纸发明以后，书籍是在纸上手抄的，几百年后才出现了印刷术，才出现了印本书。

---

[1] [法] 布尔努瓦著，耿升译：《丝绸之路》，山东画报出版社 2001 年版，第265 页。

印刷术产生之前，书籍一直是由人手工抄写并在社会上流传的。读书人看到好书就自己手抄，而官府有专职抄写人员从事抄写工作。抄书是印刷术发明以前书籍流传的主要形式。

在古代还有专门的抄书行业，称为"佣书"，是兼具图书流通、传播和图书复制功能的独特文化活动。担负书籍抄写活动的人叫"佣书人"，也称"书人""书手""书工""经生"等。可能早在战国时期就已经出现以抄书为主的"佣书"商业活动了。《太平御览·王子年拾遗记》中记载，"张仪、苏秦二人同志，遂剪发以相活，或佣力写书。"佣书业产生于两汉时期，发展于魏晋南北朝，繁荣于隋唐。佣书具有以下特点：首先，佣书者复制文本是听命于雇主的要求，其目的在于得到报酬；其次，佣书是一种个人行为，

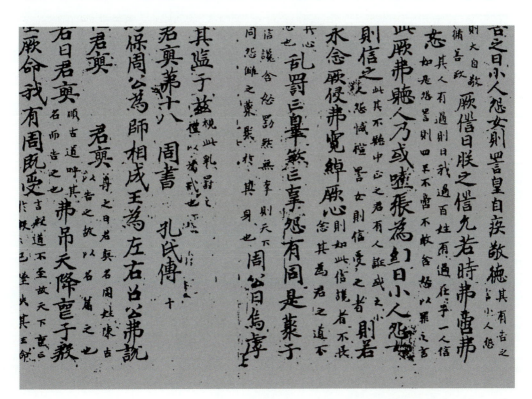

敦煌唐写本卷子《尚书》

佣书者并不隶属于某个机构。

在古代的佣书者中有专业抄书的匠人，从事这一行的多是贫寒的文人。史书记载，东汉人班超早年家贫，常为官佣书以供养母亲。后来班固受朝廷征召前往担任校书郎，为官府抄写书籍。班超为人有大志，不甘心做这些碌碌无为抄写文书的文案工作。据《东观汉记》载，有一天，他对抄书感到厌烦，便停止抄写，投笔并感叹道："大丈夫无它志略，犹当效傅介子、张骞立功异域，以取封侯，安能久事笔砚间乎！"遂有"投笔从戎"这一成语。

还有汉末名士王溥由于"家贫不得仕，乃挟竹简插笔，于洛阳市肆佣书"。三国吴国人阚泽"居贫无资，常为人佣书，以供纸笔"，意思是受官府或豪富人家的雇佣而抄书。

唐写本《金光明最胜王经》

魏晋南北朝时期，佣书业已非常红火。《北齐书·祖珽传》记载："州客至，请卖《华林遍略》，文襄多集书人，一日一夜写毕，退其本，曰：'不须也'。"《华林遍略》是萧梁时期编辑的一部 700 卷的大部头类书，在一天之间抄完这部卷帙浩繁的书籍，是需要大量佣书人的，这说明当时社会上佣书人众多，而且比较容易招雇，佣书业也很有市场。1924 年，在新疆鄯善县出土《三国志·吴志》写本残卷，内容为《吴书·虞翻传》和《吴书·张桓传》部分，字距较为疏朗。1965 年，在新疆吐鲁番英沙古城古代佛塔遗址中发现了内容为《吴书·吴主传》部分写本残卷。用笔丰腴，字距紧密，使转灵活，富有动态，可见其书写速度较快。从用笔特征看，与经生体风格相同，这说明《三国志》抄本可能出于当时佛门的经生之手，抑或说明当时的抄书匠也同样具有类似的专门行业和书写方法。

　　佣书的报酬一般不高。唐代以抄书为业者的工价为：每抄写一卷 5000 至 10000 字的书付钱 1000 文。白居易有一首诗说："西舍有贫者，匹妇配匹夫。布裙行赁春，短褐坐佣书。以此求口食，一饱欣有余。"说的是佣书业中的贫者仅够温饱，可见唐代社会佣书者生活并不富裕。当然，佣书者中偶尔也有报酬较高的，比如北魏人刘芳"常为诸僧佣写经论，笔迹称善，卷直以一缣，岁中能入百余匹。如此数十年，赖以颇振，由是与德学大僧多有还往"。因为书法特别好，即便价格不菲，刘芳依旧"很抢手"。

　　唐代有一名传奇的女性抄书家名叫吴彩鸾，她的作品字体遒丽、笔法纯熟，书写极速且精，在佣书业内名气很大，她本人在文学、绘画方面也颇有建树，是古代著名才女之一。吴彩鸾抄写的最著名的作品是《唐韵》，另有《广韵》《玉篇》《法苑珠林》等。

　　经过手抄的这些书籍，有的会流入市场，有的会被人收藏。在印刷之类的工具还没有出现之前，手抄本是书籍的主要形式。

　　宋代已经有了雕版印刷和书籍刊印事业，但仍然有佣书即手抄书的活动。

抄本书依然在发行领域中流通，也不断有新的抄本书涌入图书发行领域。一些孤本书籍没有大规模发行，或有的读书人家境清寒，买不起书，只能抄书。苏轼在《李氏山房藏书记》中说："余犹及见老儒先生，自言其少时欲求《史记》《汉书》而不可得，幸而得之，皆手自书，日夜诵读，惟恐不及。"宋代藏书家陈思在《书小史》中写道："朱异，字彦和，吴郡人。居贫，以佣书自业，写毕便诵，涉猎文史，通杂艺。"这位朱异仍"以佣书自业"。元末明初人宋濂也曾有过以抄书自业的经历，他自己说："家贫，无从致书以观，每假借于藏书之家，手自笔录，计日以还。"还有不少人因买不起成品图书而花较少的钱去抄录，明朝人胡应麟《少室山房笔丛》记载说："里中友人祝鸣皋，束发与余同志，书无弗窥。每燕中朔望日，拉余往书市，竟录所无，卖文钱悉输贾人。"

东汉末到南北朝时期，佛教大规模传到中国，其中最重要的是佛经的翻译事业。东来的西域和印度的佛教僧徒和西行求法的中国僧人，有许多人都是把汉译佛经作为他们最主要的事业。来的人随身携带佛

西晋青瓷对书俑

经，西去的人是要"取经"。带来的也好，取来的也好，都要翻译成汉语，供人们阅读和理解。佛教东传中国，是一个漫长的文化交流过程。在这个过程中，佛教经典的汉译是一项持续的和具有中心位置的文化事业。中国佛教的发展过程，就是印度佛教在思想上和精神上逐步被中国人熟悉和了解的进程。佛教思想得以展现给中国人，是外来经典被翻译成汉文，并由佛教学者向人们讲解的结果。上千年里，他们翻译了大量的佛教经典，极大地丰富了中国典籍宝库。

众多佛经译出以后，为了能在广大信众中流传，就出现了大规模的抄经活动。各代都有非常多的虔诚佛教信仰者，包括出家僧人和帝王、官吏、宫人、士大夫、平民等，都为了弘扬传播佛法而写经。写经、抄经成为一种普遍社会文化现象。在寺庙中一般都设置有藏经阁，抄藏佛教典籍，供僧尼诵读、学习。《魏书·冯熙传》载："（冯）熙为政不能仁厚，而信佛法，自出家财，在诸州镇建佛图精舍，合七十二处，写一十六部一切经。"到隋文帝时期，抄写佛经13万卷，修治故经400部，形成重视抄经的风气。《隋书·经籍志》载："开皇元年……并官写一切经，置于寺内；而又别写，藏于秘阁。天下之人，从风而靡，竞相景慕，民间佛经多于六经数十百倍。"

当时译出的经典，除了抄写传播以外，还流行"细字经""供养经"等。信奉佛教的人把抄经作为一种"功德"，为了祈福、报恩、布施、超荐亡人而写经。抄写佛经，念诵佛经，功德无量。僧徒还把汉字书写经卷提升到如亲见释迦牟尼、如亲闻佛祖口授的终极价值高度加以体认。美国学者柯嘉豪（John H. Kieschnick）说："佛经迅速且大规模地传播……还因为人们相信佛经能够带来功德且具有灵力。自5世纪伊始，人们对佛教作品的兴趣加上持续从印度涌入新的佛经，使得佛经大规模地批量传播。"[1]

---

[1]　[美]柯嘉豪著，赵悠等译：《佛教对中国物质文化的影响》，中西书局2015年版，第169页。

"许多佛教经典都劝勉新图勤抄经书，且肯定词句可以积累无量不可思议功德"[1]。《妙法莲经》卷七《普贤菩萨劝发品第二十八》说："若有受持读诵，正忆念，修习书写是《法华经》者，当知斯人，则见释迦牟尼佛，如从佛口闻此经典。"佛陀成佛弘法度众之时，大家都是用手来抄写经卷流通供养利益大众的。《普贤菩萨行愿品》中"剥皮为纸，析骨为笔，刺血为墨，书写经典，积如须弥"。此偈是说释迦牟尼佛行菩萨道时的典故。另外，《佛说长寿灭罪护诸童子陀罗尼经》也说道："时颠倒女庆幸无量，削骨为笔，身肉支解，以血为墨，供给书人。"经中说的"颠倒女"即文殊菩萨。《华严经·普贤行愿品》说："是故汝等闻此愿王，莫生疑念，应当谛受，受已能读，读已能诵，诵已能持，乃至书写，广为人说。是诸人等，于一念中所有行愿，皆得成就。所获福聚，无量无边。"

抄经活动在两晋南北朝时十分流行。"各色人等，无论是高逸之士、皇室妃嫔，还是帝王，都企望通过抄写佛经来造功德"[2]。如永嘉中，有安慧则，工正书，于洛阳大市寺，在黄缣上用细字书写《大品般若经》一部，字如小豆，而分明可识，一共写了十几本。西晋时代抄写的"供养经"，有些还流传到现在，如敦煌出土惠帝永熙二年（291年）所书写的《宝梁经》上卷，土峪沟出土元康六年（296年）所书写的《诸佛要集经》等。《诸佛要集经》写本佛经，为抄经体。

这种抄经活动到隋唐时仍持续不断。《隋书·经籍志》曾指责当时佛经的大肆蔓延：

> 开皇元年，高祖普诏天下：任听出家，仍令计口出钱，营造经

---

[1] [美]柯嘉豪著，赵悠等译：《佛教对中国物质文化的影响》，中西书局2015年版，第161页。

[2] [美]柯嘉豪著，赵悠等译：《佛教对中国物质文化的影响》，中西书局2015年版，第164页。

北齐杨子华《校书图》（局部）　美国波士顿美术馆藏

像。而京师及并州、相州、洛州等诸大都邑之处，并官写一切经，置于寺内；而又别写，藏于秘阁。天下之人，从风而靡，竞相景慕，民间佛经，多于六经数十百倍。

据唐文士岑勋《大唐西京千福寺多宝塔感应碑文》所记，建造西京多宝塔的楚金禅师，"先刺血写《法华经》一部、《菩萨戒》一卷、《观普贤行经》一卷……同置塔下""又奉为主上及苍生写《妙法莲华经》一千部，金字三十六部，用镇宝塔。又写一千部散施受持"，书写量实属惊人。实际上，"抄写佛经作功德的观念自中古时期风靡全国，千百年来促使无数善男信女

113

伏案写经，上至王公贵族，下至平民百姓"[1]。

与此同时，原本佛教徒均可自己抄写的佛经，出于佛事兴旺的需要，转而委托寺庙的僧侣来抄写，于是抄写佛经的"经生"在佛门形成了专门的行业。经生的收入水平和他们的书写水平有联系，写经高手生活要好一些，而大多数的经生只能维持生计。《旧唐书》卷一八九下《王绍宗传》记载："绍宗，扬州江都人也……少勤学，遍览经史，尤工草隶。家贫，常佣力写佛经以自给，每月自支钱足即止，虽高价盈倍，亦即拒之。寓居寺中，以清静自守，垂三十年。"

寺院的写经有一套专门的组织机构，有经生、官经生、书手、楷书手、校书手、典经师等组成。每个时代经书抄写的形式稍有不同，但大致的形式是约定俗成的。首先在专用的写经用纸上画出界格，在经文起首处标明题目、品名，然后是正文的抄写，卷尾的落款则相当烦琐，要写明抄写的时间、地点、写经人的姓名、用纸的数量、装潢手、初校手、再校手、三校手、详阅、判官、监制等，有的竟达十余项之多，说明当时写经的庄重和严肃程度。

在没有印刷术的当时，造就了一大批写经的高手。由于经书抄录有统一的形式要求，经过几百年的发展，使写经书法形成特有的用笔、结构和章法，形成独有的写经书法风格。后世称其为"抄经体"。早期的写经体多以南北朝字体和隶书入书。如北魏时期的写经就有明显的魏碑笔法和结构，隋唐的写经法度则精准到极点。写经体与当时代书风的结合拓宽了书写佛经的风格。通常写经体小楷笔法都是以王羲之的笔法为基础，初唐时期，虞世南、褚遂良等在朝廷内的威望影响到民间的佛经书写。敦煌写经主要是楷书，而且是小楷，书写工整清楚，通篇从结体、笔法和章法布白形式，都趋于统一稳定，形成了一定的范式，数量有 4 万多卷，时间跨越 7 个世纪，形成了一种独特的书法风格。写本中最多的是墨书，书写形式有横行、竖行两种，此外还有朱书、

---

[1] ［美］柯嘉豪著，赵悠等译：《佛教对中国物质文化的影响》，中西书局2015 年版，第 165 页。

色书等，有些佛经中带有彩绘插图。

起于佛门经生的这种抄经体对于后世的书法有着一定的影响。佛门色彩的书法遗迹成为一种特殊的审美模式，在历史上留下了鲜明的风格特征。

六 佛经传播对造纸、制书业的促进

佛经的大量抄写，成为佛经传播的重要形式。从物质条件上来说，这首先得益于汉代发明的造纸术以及纸的推广使用。如果从造纸术的技术发展史来考察，纸张的广泛使用和推广，正是与佛经的大量传播相契合的。佛经的抄写和传播促进了造纸术的技术改进和纸张应用的广泛普及。"庞大的佛经产业使得对原材料的需求也水涨船高。《高僧传》中讲述一位僧人因其所著关于清规戒律的书十分走俏，一时间无数僧尼'被习竞相传写''都人誊写，纸贵如玉'"。"这种需求反过来也促使时人对造纸技术进行改良和合理化，使得纸的价格下降并更容易获得。事实上，纸在中国得以广泛应用的原因不

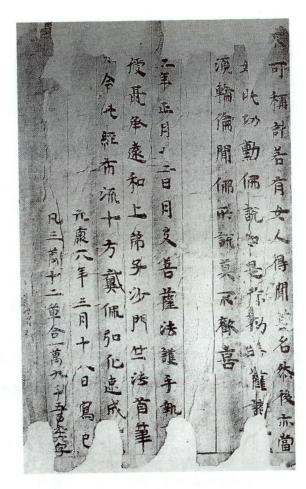

写经《诸佛要集经》（局部）　西晋元康六年

115

仅在于它比其他材料更易于书写，也在于它更便宜的价格"。"总之，因复制佛经而产生的对纸张的需求促使纸张逐渐取代了木牍、竹简和丝帛，最终成为中国书籍的标准书写媒介"[1]。

佛经的传播还促进了中国制书方法的改进。在纸发明以前，我国以缣帛和竹木作为书写材料。简牍与缣帛都用卷轴的形式。造纸术发明以后，到南北朝时期，书籍开始一律采用纸张，但仍采用卷轴形式。古纸的宽度约24厘米，相当于汉制的1尺，长度约自41厘米至48.5厘米不等，约等于古制的2尺。因此，卷轴形式的书高度普遍为1尺，纸张可根据需要逐张粘接，一般在9至12米之间，最长可达32米。为了模仿简牍的形制，纸上都划有行格，恰好能书写一行文字。在纸与纸的接合处，往往有押缝和印章。轴装书卷的末端往往粘在轴上。轴多为刷漆的木轴，也有用象牙、珊瑚、玳瑁、紫檀木以及黄金等贵重材料制成的。卷轴装的书横着插在书架上，一侧的轴头向外。韩愈诗说："邺侯家多书，插架三万轴。"

卷轴装有一个很大的缺点，即舒卷不易。尤其在查对某个文字、某个记载时，需要把书卷全部或部分舒展开来，既费时又费力，因此，人们开始探索改良卷轴装的方法。

从印度传来的佛经都是狭长的单页梵文"贝叶经"的形式。"贝叶"是印度一种贝多树叶的简称，贝叶经的装法是将若干树叶，中间打孔穿绳，串成一本，上下垫以板片，再以绳子捆扎而成。它有一定的长短规格，携带、翻阅都很方便。受贝叶经这种独特的装式的影响，人们发展了汉文"梵夹装"。"梵夹"亦即佛经的意思，它是将一张张纸积叠起来，上下夹以木板或厚纸，再以绳子捆扎。

在此基础上又发明了"经折装"，就是把本来卷轴形式的卷子不用卷的

---

[1] ［美］柯嘉豪著，赵悠等译：《佛教对中国物质文化的影响》，中西书局2015年版，第170—171页。

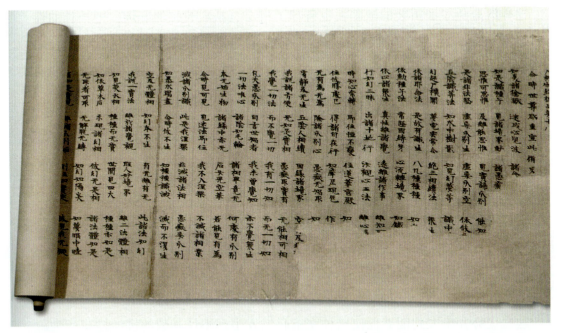

北周楷书《入楞伽经品第十八》

办法，而是改用左右反复折合的办法，把它折成长方形的折子形式。在折子的最前面和最后面，也就是书的封面和封底，再糊以尺寸相等的硬板纸或木板作为书皮，以防止损坏。佛教经典多采用经折装的形式，所以古人称这种折子为"经折"。经折装比卷轴装翻检方便，要查哪一页，马上即可翻至。经折装即中国式的"贝叶经"装订法，在唐及其以后相当长的一段时期内应用得很普遍。英国考古学家斯坦因（Marc Aurel Stein，1862—1943 年）在《敦煌取书记》里对此有一段描写："又有一小册佛经，印刷简陋。不是卷子本，它是折叠而成，可能是这种形式的第一部书。折叠本书籍，长幅接连不断，加以折叠，甚似近代的火车时间表。此小册佛经即为此式，共凡8页，只印一面，然后加以折叠，最后将其他一端悉行贴稳。于是展开之后，甚似近代书籍。此书时代为乾祐二年，即公元949年。"

鉴于经折装折痕处易于断裂，于是书籍形态就转而朝册页的方向发展，这样既避免了经折装的缺陷，也省却了将书页粘成长幅的麻烦。把长长的卷轴改为"册页"后，将书页从中缝处字对字向内对折，中缝处上下相对的鱼尾纹，是方便折叠时找准中心而设的。书页折完后，依顺序积起方形的一叠，再将折缝处粘在包背的纸上，这样一册书就完成了。翻阅时，书页如蝴蝶展翅，故称为"蝴蝶装"。叶德辉《书林清话》中说："蝴蝶装者，不用线订，但以糊粘书背，夹以坚硬封面，以版心向内，单口向外，揭之若蝴蝶翼然。""相比于传统的卷轴，这种新型的书籍样式有多重优点。不仅几部单独的著作可以装订在一起，更重要的是，当开始使用页码标注后，在由纸张装订成的书籍中查找隐没的参考段落时更容易定位。"[1]

而"随着制书技术的提高、制书成本变得相对低廉，再加上书本使用上的便利性，书写媒介从绢本、简牍到纸本似乎想的自然且合乎情理。但实际上，这些优势并未大到能够促使这种变革必然发生。不计其数的佛经抄写产生源源不断的需求，若没有这种需求的刺激，也就不足以产生催动上述全新变革的驱动力"[2]。

---

[1] ［美］柯嘉豪著，赵悠等译：《佛教对中国物质文化的影响》，中西书局2015年版，第172页。

[2] ［美］柯嘉豪著，赵悠等译：《佛教对中国物质文化的影响》，中西书局2015年版，第172—173页。

第六章 印刷术的发明

一 雕版印刷术的发明

印刷术是中国古代最伟大的发明之一，是中华民族贡献给人类文明的最珍贵的礼物。在中国历史上，雕版印刷术和活字印刷术的发明和发展，使人类科学文化知识的传播传承获得了一种崭新的形式，即印刷读物的形式。印刷术的发明，大大提高了书籍的复制速度，有力地推动了科学文化知识的广泛传播和普及，对人类生活的各个领域的进步和发展都产生了重大影响。因此，印刷术被誉为"文明之母"，印刷术的发明被看作是"人类文明史上的一个里程碑"。

中国印刷技术的发展，主要包括两个不同又互相联系的阶段：一个是雕版印刷技术的阶段，另一个是活字印刷技术的阶段。这是两项同样具有重大意义的发明。而这两项伟大的发明，都是中华民族的伟大创举。

雕版印刷术又称整版印刷术，即将文字反刻在一块完整的木板上，再着墨印刷。推动这一技术问世的是石刻传拓技术和印章的使用。它

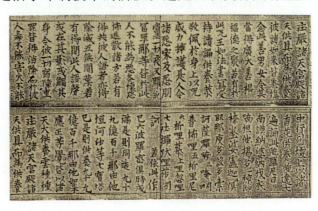

韩国发现的《无垢净光大陀罗尼经》印本

119

们为雕版印刷术的发明提供了必要的技术基础。

关于雕版印刷术发明的年代，比较可靠的文献记载和实物证据，学术界一般公认为发明于唐代。明代史学家邵经邦（1491—1565 年）在其《弘简录》卷四六中记载：

> 太宗后长孙氏，洛阳人……遂崩。年三十六。上为之恸。及宫司上其所撰《女则》十篇，采古妇人善事……帝览而嘉叹。以后此书足垂后代，令梓行之。

太宗长孙皇后去世后，太宗令梓行《女则》十篇。"梓行"即为雕版印行。长孙皇后卒于贞观十年（636 年）六月，《女则》一书的印行就在这年或稍后，可以说是最早的内府刻本。想必当时民间或已有印本出现，所以太宗才想起把它印行出版。由此可见唐初即有雕版刊刻图书之事。

另据唐末冯贽的《云仙散录》引《僧园逸录》说："玄奘以回锋纸印普贤像，施于四方，每岁五驮无余。"玄奘贞观十九年（645 年）返回长安，他印普贤像当在这之后，距《女则》梓行只隔 9 年，并且印制和发行的数量也很大，"每岁五驮"。

另有记载说，武则天时代也曾刊过《妙法莲华经》。1966 年，在韩国佛国寺释迦塔内发现了一部汉字木刻本《无垢净光大陀罗尼经咒》，据有关学者研究，认为它是在长安翻译和刻印的，大约于武后长安四年（704 年）至玄宗天宝十年（751 年）间，为目前发现的最早的印刷品。

8 世纪已有印本书在书肆出售。唐穆宗长庆四年（824 年），元稹为白居易诗集作序："而乐天《秦中吟》《贺雨》《讽喻》等篇……缮写模勒，衔卖于市井。"元稹注说："扬、越间，多作书模勒乐天及余杂诗，卖于市肆之中也。"清赵翼说："摹勒即刊刻也，则唐时已开其端矣。"王国维也

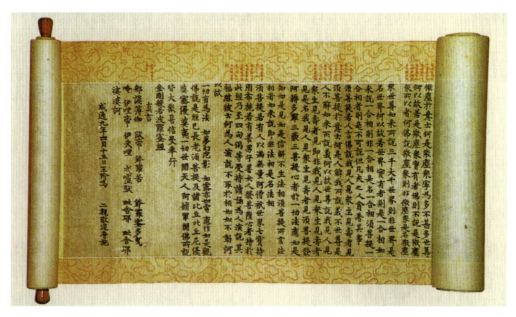

唐咸通九年（868）　刻本《金刚经》

指出："夫刻石亦可云摹勒，而作书鬻卖，非自雕版不可。则唐之中叶吾渐亦已有刊版矣。"唐文宗大和九年（835年），东川节度使冯宿奏："剑南、西川及淮南道，皆以版印历日鬻于市。每岁司天台未奏颁下新历，其印历已满天下，有乖敬授之道。"说明此前若干年，四川已有数量众多的印本。唐宣宗大中元年至三年（847—849年），纥干泉任江南西道观察使，"大延方术之士，乃作《刘宏传》，雕印数千本，以寄中朝及四海精心烧炼者"。可见当时雕版印刷业不仅已经问世，而且一次印行几千册，绝非初期的萌芽状态了。

现已发现的唐代印刷品，大都是中晚唐时期的。现存世界上第一部标有年代的木版印刷品是咸通九年（868年）刻印的《金刚般若波罗蜜经》，是1907年斯坦因在敦煌莫高窟中发现的。这部经卷由7张纸粘连而成，长16尺。卷首画释迦牟尼在孤独园向长老须菩提说法的故事，卷末镌"咸通九年四月十五日王玠为二亲敬造普施"。这部经卷佛像和经文雕刻刀法纯熟，线条清晰鲜明，印刷的黑色均匀，是唐代印刷物中的精品。"这本书保存得几乎完整如新，看起来在技术上已经很进步，表示在此以前必然已经经过一个很长时期的演进，它比欧洲谷腾堡发明刻印以前的任何刻书，都要精致"[1]。任何发明都要经历一个由简单到复杂、由幼稚到成熟的演进过程。在中唐时代出现《金刚经》这样具有娴熟的雕印技术的印刷品，说明雕版印刷术已经经过一段较长的发展过程，到这时已经相当成熟了。

唐时，雕版印刷术虽已发明，却用之不多，而且，印刷品多为诗集、韵书、佛像及佛经等书，没有关于印刷儒经和其他著作的记载。至晚唐和五代时，雕版印刷术已经得到较为普遍的推广和使用，成为一种新兴的重要手工业技术。沈括《梦溪笔谈》卷十八说："板印书籍，唐人尚未盛为之，冯嬴王（道）始印《五经》，以后典籍，皆为板本。"五代时期由后唐宰相冯道发起的，政府组织的第一次大规模使用雕版印刷术是刻印儒学《九经》。这套书从后唐开始，经历后晋、后汉、后周，历时22年，到后周广顺三年（953年）才完成。这是中国文化史上的一件大事，也是印刷史上的大事。《五代会要》记载长兴三年（932年）二月，中书门下奏："请依石经文字刻《九经》印板，敕令国子监集博士儒徒，将西京石经本，各以所业本经，广为抄写，仔细看读，然后雇召能雕字匠人，各部随帙刻印板，广颁天下。如诸色人要写经书，并请依所印刻本，不得更使杂本交错。"《爱日斋丛钞》也记载此事："自唐末以来，所在学校废绝。蜀毋昭裔出私财百万营学馆，且请板刻《九经》，蜀主从之。由是蜀中文学复盛。又曰：唐明宗之世，宰相冯道、李愚请令判国子监田敏校定《九经》，刻板印卖，从之。后周广顺三年（953年）六月丁巳，板成，献之。由是虽乱世，《九经》传布甚广。"当时虽逢乱世，但传布甚广，推动了经学教育的普及。学者可以在任何地方研习儒家经典，而

[1] ［美］卡特著，吴泽炎译：《中国印刷术的发明和它的西传》，商务印书馆1957年版，第55页。

南唐王齐翰《勘书图》（局部）

不必到京师抄写石经，为学人提供了极大的方便，尤其为私学的发展创造了良好的条件。这对当时教育的发展和文化的传播起了很积极的作用。

随着雕版印刷技术的发展，刻版印书之风日盛，书籍流传速度快，范围广，在一定程度上促进了经学的恢复和发展。帝王和重臣提供经书、版本并主持经书的印行，使经学图籍传布天下。

雕版印刷术的发明和应用，改变了书籍的制作生产形式，为科学文化知识的广泛传播开辟了广阔的道路，对人类文明的进步和发展产生了极为重要的影响。美籍华裔学者钱存训指出："印制现代书籍所使用的原料和工艺技术，在白纸上印黑字，中国人对其起源及发展做出了最大的贡献。"[1]

在中国雕版印刷术的发展过程中，还出现了彩色套版印刷技术。"彩色套印是一种复杂的、高度精密的印刷技术。它的基本方法是将同一版面分成几块同样大小的版，各用一色，逐次加印在同一纸张上。印刷时必须使几块版的版框严密地互相吻合，才能保证各种颜色能够在其应有的位置上而不致参差不齐"[2]。宋代曾经印行过朱墨间错、带有三色的纸币。元顺帝至元六年（1340 年）中兴路资福寺刻印《金刚经》，卷首灵芝图及经注用朱墨二色套印，这是现在所知最早的木刻套印本。"中国不但发明雕版与活字版，并且也首先发明套版，这都是印刷史上的大事"[3]。

印刷术出现不久，便受到社会各界的普遍欢迎和高度重视。印刷术的发明根本上改变了图书的流通方式和人们的阅读方式，使阅读不再是少数人的特权，而变成了一种可与大众共享的文化形态。对于文明的发展史来说，这是一个具有重大意义的变化。由于印刷术从根本上改变了图书生产的条件及图书的物质形态，同样也改变了其适应的环境。印刷术发明最基本的影响在于它带来了书价的降低和书的相对平凡化。在纸和印刷术发明之前，中国使用的书写材料竹简和锦帛，欧洲人使用的羊皮纸，价格都十分昂贵，即使在纸发明以后，书籍的复制也主要是靠人工的手抄，不仅费时费工，费用高昂，而且还会出现不可避免的讹误。这些情况为书籍乃至文化的普及带来相当大的障碍。所以中国发明的造纸术和印刷术对于制书史具有极大的意义。我们在世界各国文化的发展史上都看到，印刷术的推广和使用，彻底改变了书籍的存在形态，同时也就出现了一个书籍大发展的时期，因而也就出现了一个

[1] [美]钱存训：《中国纸和印刷文化史》，广西师范大学出版社 2004 年版，第 7 页。

[2] 王玉哲主编：《中国古代物质文化》，高等教育出版社 1990 年版，第 382 页。

[3] 张秀民：《中国印刷术的发明及其影响》，人民出版社 1958 年版，第 97 页。

文化大繁荣、大进步的时期，比如在中国的唐宋时代、朝鲜的高丽时代，以及欧洲的文艺复兴时期。

二　佛经传播与印刷术的发展

雕版印刷术的发展也与佛经的传播有密切关系。佛教的传入，伴随着经典的流通，对我国雕版印刷术的发明，起过"催生剂"的作用。向达在《唐代刊书考》中就明确说："中国印刷术之起源与佛教有密切之关系"。美国学者柯嘉豪也说，佛教是"中国印刷术的产生"的驱动力。[1]

早期的佛教印刷品，只是将佛像雕在木版上，进行大批量印刷。前文引唐末冯贽在《云仙散录》中，记载了贞观十九年（645年）之后，"玄奘以回锋纸印普贤像，施于四众，每岁五驮无余"。这是最早关于佛教印刷的记载，印刷品只是一张佛像，而且每年印量都很大。据玄奘弟子慧立等所撰的《大唐大慈恩寺三藏法师传》所载，唐高宗嗣位后，鉴于其父皇敬重玄奘，高宗也对玄奘礼敬甚隆，遣朝臣慰问不绝，还施帛锦万段、法衣数百。玄奘接受后，"随得随散，无所贮蓄。发愿造十俱月氏（"俱月氏"为梵文量词 koti 的音译，十俱月氏为100万份）像，并造成矣。"在唐高宗元年至十五年，玄奘采用雕版印刷术印刷了佛像100万份，散发给广大佛教信徒。

佛教密宗在唐玄宗时正式传入我国。由于密宗盛行，社会对咒经的需要量随之增加。雕印咒经之风蔚然兴起。前文提到现存最早的印刷品，是在1966年韩国庆州发现的唐代《无垢净光大陀罗尼经》。日本宝龟元年（770年）舍入百万小塔中的《无垢净光大陀罗尼经》，其刻本大小亦与我国五代钱俶雕印而舍入塔中的八万四千卷陀罗尼略同。王国维认为，"其制当出于唐，

---

[1]　[美]柯嘉豪著，赵悠等译：《佛教对中国物质文化的影响》，中西书局2015年版，第172—173页。

大般若波羅蜜多經卷第一百四十八

三藏法師玄奘奉　詔譯

初分夜量初後品第三十之四十六

復次憍尸迦若善男子善女人等為發無上菩提心者宣說般若波羅蜜

玄奘翻译的佛经

是唐大历以前必已有此种印本"。

　　佛经的传播，促进了印刷术的发明，印刷术趋向成熟的初期又以雕印佛经为主要任务。目前传世最早的、有明确年代记载的雕版印刷的书，是在敦煌莫高窟发现的卷轴装订的《金刚般若波罗蜜经》。此外，《大正藏》收有日本僧人《惠运请来教法目录》，其中有"《降三世十八会》印子一卷"。印子即印本。惠运于宣宗大中元年（847年）归国，他所携归的印本《降三世十八会》的雕印时期，至迟也在大中元年。唐司空图《一鸣集》九，载有《为东都敬爱寺讲律僧惠确化募雕刻律疏》题下注"印本共八百纸"，又云："自洛城罔遇时交，乃焚印本，渐虞散失，欲更雕镂。"这里的"洛城罔遇时交，乃焚印本"是指唐武宗禁佛事。武宗自会昌五年（845年）开始正式大反佛教。其原先印本当在此时之前就已经开雕。又考司空图咸通十年（869年）举进士，时在东都，此云"欲更雕镂"，应是在多年以后再次印行，不难看出，当时雕印佛教书籍已是非常平常的事情。

　　雕版印刷术到唐末才渐次被应用于其他书籍的印行，至五代后唐长兴二年（931 年）它才被儒家利用。佛教方面，承唐代遗风，民间及寺院刻经事业继续发展。北宋初期，产生了大批雕版技术熟练的工人，从而又推动了佛藏的雕印，并形成了地域性雕版印刷中心。到了宋开宝四年（971 年）宋太祖倡刻《大藏经》，成都雕版工人承担了刻版工作，刊成了我国第一部佛教大丛书——《大藏经》。

由于佛教传播，经典流通需要量增加，刺激了雕版印刷术的创造发明和不断完善。"在漫长的中国印刷史上，几乎所有的'最早'或'第一'都与佛教有关。那些重要且容易被复制的早期印刷本佛经，正印证了佛教在印刷术发展之初起了重要作用。"[1] 印刷术的产生，使得我国辉煌灿烂的古代文化更加丰富多彩，也对世界文明的发展产生了重要影响。另一方面，印刷术的发明和应用，为佛经的广泛传播提供了重要的物质条件，极大地促进了佛教在中国乃至东亚地区的传播和发展。

总之，佛教对于中国的造纸、制书和印刷事业的发展具有重要的促进作用。柯嘉豪指出："如果没有佛教的影响，中国的制书业就不能完成从手书的竹简到印刷本的飞跃呢？但起码我们可以得出一个较稳妥的结论，那就是就算最终能达成这样的飞跃，假若没有佛教功德观念对芸芸众生产生的深刻影响力，这个飞跃的过程也不会那么快捷顺利。"[2]

三 活字印刷术的发明

雕版印刷比手工抄写不知方便多少倍。正是雕版印刷术的发明，使书籍的大量生产和广泛传播成为可能。但是，虽然雕版印刷一版能印制几百甚至

---

[1] ［美］柯嘉豪著，赵悠等译：《佛教对中国物质文化的影响》，中西书局 2015 年版，第 173 页。

[2] ［美］柯嘉豪著，赵悠等译：《佛教对中国物质文化的影响》，中西书局 2015 年版，第 174 页。

几千部书，但印一页必须雕一版，刻一部大书往往要花费很多年的功夫。另外，存放版片又要占用很大的空间。印量少又不重印的书，版片用后便成了没用的废物。因此，在雕版印刷发展到一定程度的时候，又有了一种新的发明来克服雕版印刷的这些弱点。这种新发明就是活字印刷术。

活字印刷术发明在雕版印刷趋于鼎盛的北宋时期，它的发明者是一位叫毕昇的平民。毕昇发明活字印刷术，大约是在宋仁宗庆历年间（1041—1048年）。这项发明克服了雕版印刷的弱点，非常经济和方便。它在中国和世界印刷史上都是一项伟大的创举，具有十分深远的影响。

关于毕昇发明的活字印刷术，与他同时代的著名科学家沈括在《梦溪笔谈》中作了详细而准确的记述：

> 板印书籍，唐人尚未盛为之，自冯瀛王始印《五经》，已后典籍皆为板本。庆历中，有布衣毕昇，又为活板。其法：用胶泥刻字，薄如钱唇，每字为一印，火烧令坚。先设一铁板，其上以松脂、蜡和纸灰之类冒之。欲印，则以一铁范置铁板上，乃密布字印，满铁范为一板，持就火炀之，药稍熔，则以一平板按其面，则字平如砥。若止印三二本，未为简易；若印数十百千本，则极为神速。常作二铁板，一板印刷，一板已自布字，此印者才毕，则第二板已具，更互用之，瞬息可就。每一字皆有数印，如"之""也"等字，每字有二十余印，以备一板内有重复者。不用，则以纸帖之，每韵为一，木格贮之。有奇字素无备者，旋刻之，以草火烧，瞬息可成。不以木为之者，木理有疏密，沾水则高下不平，兼与药相粘，不可取；不若燔土，用讫再火令药熔，以手拂之，其印自落，殊不沾污。
>
> 昇死，其印为予群从所得，至今宝藏。

根据沈括的记载，毕昇发明的活字印刷术已是一套完整的印刷技术，几乎具备了现代排字印刷的基本原理。毕昇与沈括家可能有什么关系，所以他在临终时将创制的活字工具交给沈括的侄子辈。可惜沈家把毕昇的这套宝贵的工具只当作古董一样珍藏起来，并没有把他的技术发扬光大，用它来大量印书。

元代，王祯试用木活字成功，并正式用于印书。王祯曾先后在安徽旌德和江西永丰任县尹，也是一位农学家，在旌德时撰写《农书》，因字数太多，难于刊印，所以独出心裁，请工匠创制约 3 万多个木活字，两年完工。大德二年（1298 年）用这套活字试印他自己纂修的《大德旌德县志》，全书 6 万多字，不到一个月，就百部齐成，同刊版一样，证明效率很高。这本《大德旌德县志》是有记录的第一部木活字印本。而他的《农书》，因另有人用整版刻印，所以就没用活字印刷。

王祯不仅创制了木活字印书，而且还发明了一种新的印字机械"活字板韵轮"（即转轮排字架）。这也是印刷技术史上的一项重大发明。"活字板韵轮"由大木轮、轮轴和轮架构成，使大木轮可在轮轴上转动。大木轮的轮盘上"以圆竹笆铺之，上置活字板面，各依号数上下相次铺摆"。一般用两个"活字板韵轮"，一个置按字韵排列的木活字，一个置杂字板面，字都编成号，并另造一册。排版时，人坐于两个"活字板韵轮"之间，由另一人按册中的号码唱字，即转动轮盘按号取出所需的字来，进行排版。如遇缺字，则随时刻补。"活字板韵轮"的应用，既提高了排版效率，又减轻了排字工的劳动强度，把活字印刷术提高到一个新的水平。卡特曾经指出，王祯发明的木活字印刷的工艺和依韵编号的有系统的、机械的检字方法，是印刷史上向前迈进的划时代的一个重要步骤。

元代发明的木活字印刷，很快流传到边疆地区。在敦煌千佛洞中曾发现元代维吾尔文的木活字，经考定年代为 14 世纪初。维吾尔文为拼音文字，而

毕昇活字版

他们所造的木字则是单字，不是字母。它们都用硬木制作，以锋利的刻刀削成，高厚完全一致，与当时王祯文内所述的要求完全符合。敦煌发现活字的重要性，在于证明活字印刷早在元代已经西传到中亚。

除木活字、泥活字之外，元明两代还有人用锡、铜、铅等金属材料制成活字。如王祯在论及造活字印书法时曾提到："近世又铸锡作字……界行印书。"王祯指的是 13 世纪的情况，大概是世界上最早的锡活字。1508 年，江苏常州地区创行铅活字，而铜活字于 15、16 世纪在南京、苏州、无锡、常州以及建宁、建阳一带流行，这些地方出现了许多印书名家。另外，18 世纪时还有人试制瓷活字印书。

中国人发明的印刷术，从雕版印刷到活字印刷，逐步完善和发展，技术日臻成熟精致。和中国的许多伟大发明一样，印刷术发明以后，陆续传播到海外，对世界文明的进步和发展产生了重大影响。

在世界各国文化的发展史上，印刷术的推广和使用，彻底改变了书籍的存在形态，同时出现了一个书籍大发展的时期，因而也就出现了一个文化大繁荣、大进步的时期，比如在中国的唐代宋代、朝鲜的高丽时代，以及欧洲的文艺复兴时期。法国学者费雷德里克·巴比耶（Frédéric Barbier）指出："在15世纪80年代，由于印刷书的出现，手写书大多被弃之一旁；随后，在16世纪初，印刷书最终摆脱了手写书的具体形式的束缚，公众的增加导致了图书种类越来越丰富、文本的新的分布方式和此后可能进入的另一个层次的阅读。"[1]

恩格斯曾经指出，印刷业的发明以及商业发展的迫切需要，不仅改变了只有僧侣才能读书写字的状况，而且也改变了只有僧侣才能受较高级的教育的状况。学术文化不再是修道院所垄断的了，促进了教育的大发展和知识的世俗化，由此出现了中世纪后期文化科技艺术发展的高潮，迎来了文艺复兴的新时代。而到了18世纪启蒙运动，文艺复兴时期人文主义著作印本再次引起人们的广泛兴趣，以致法国大革命时期人们将印刷术称为各民族的"自由火炬"。许多研究者都注意到印刷品文化在启蒙时代的重要性。"通过普及当时发行量仍不大的活版印刷，18世纪迎来了各种形式书籍统治的时代：从几大卷的百科全书到低级趣味不入流的书籍，从几十卷的大型丛书到批评宣传小册子，从小说到带插图的科学著作，'印刷自由'意义上的出版自由是18世纪的斗争之一……在大革命热潮中，孔多塞欢呼印刷品是'不可驯服的力量'，这股力量把出版自由强加到了一切权力之上，它把启蒙思想传播开来了。"[2]

---

[1]　[法]费雷德里克·巴比耶著，刘阳等译：《书籍的历史》，广西师范大学出版社2005年版，第118页。

[2]　[法]让－皮埃尔·里乌、让·弗朗索瓦·西里内利主编，朱静、许光华译：《法国文化史》第3卷，华东师范大学出版社2006年版，第34页。

第七章 图书的刊刻与流通

一 宋代图书的刊刻事业

雕版印刷术发明以后，书籍的刊刻成为一项盛大的文化事业，对于文化的传承与发展具有重大的意义。印刷术的发明根本上改变了图书的流通方式和人们的阅读方式，使阅读不再是少数人的特权，而变成了一种可以大众共享的文化形态。对于文明的发展史来说，这是一个具有重大意义的变化。印刷术从根本上改变了图书生产的条件及图书的物质形态，同样也改变了其适应的环境。印刷术发明最基本的影响在于它带来了书价的降低和书的相对平凡化。

宋代是我国雕版印刷事业发展的鼎盛时期。雕版印刷与造纸技术的进步，使文献记述和书籍流通大大便利，扫除了文化发展的技术性障碍，为文化的传播与普及提供了关键性的手段，成为宋代文化大发展的重要条件。前人传抄之书至宋刻印定本，时人著作诗文得以付梓流行，尤其是卷帙浩繁之书的大规模刊印，使宋代出现划时代的文艺复兴高潮。

唐代的雕版印刷技术已经达到了相当高的水平。五代时期，雕版印书得到了进一步的发展，在人力、物力和技术上创造了有利的条件。再加上书籍需求量大增，更加促进了宋代印刷业的空前繁荣。两宋所刻印的书籍从数量、字体、版印、用纸、规模、发行等方面都达到了历史上较高的水平。

为了适应政治和文化的需要，许多政府机构、单位、书坊乃至个人都积极从事刻书事业。北宋真宗、仁宗时期，刻书开始兴盛起来，刻书最多的是仁宗时期，许多大部头书籍，如《七史》和医药书，都是这一时期刻成的。苏轼说：“近岁市人转相摹刻诸子百家之书，日传万纸。学者之于书，多且易致如此，其文词学术，当倍蓰于昔人。”南宋时期刻书事业更为繁荣，官府、官员、民间书坊都从事雕版印刷，印本书籍广为流传。杭州、成都与建阳并称为全国三大刻书中心与书籍交易中心。宋人说：“建阳版本书籍，行于四方者，无远不至。”这些书坊刻印的书籍，不仅遍布全国，而且远销海外。

宋代刻书分为官刻、私刻和坊刻三种类型。

官刻就是由中央官府和地方官府经营管理的出版印刷机构，主要刻印刑典、儒家经典、史书、正经，还校刻了不少医书。宋代中央政府刻书单位很多，有国子监、崇文院、秘书监、司天监和校正医书局等。中央政府官刻部门以国子监和三馆为主体，相关部门参与其中，所谓“三馆国子监之印摹书，虽汉唐之盛，无以加此”。宋太宗年间雕刻的佛教《大藏经》，是我国最早的官刻本木刻版汉文大藏经。

国子监刻印的书最多、最有名，后世称为“监本”。国子监是国家最高学府，除承担教育职能外，还司掌刻书、印刷等职能。其设有专门的机构和官员负责管理，“国子监旧有印书钱物所”，后改为“国子监书库官”，且“置书库监官，以京朝官充”，专门“掌印经史群书”。印刷的书籍集中于儒家的经典，《资治通鉴》记载：“载嘉稽古之功，允助好文之理，宜从雕印，以广颁行。”集教育与刻印职能于一体的国子监既能根据学校和科考需要刻书，又能发售书籍促进教育和科举发展，使刻书和教育得到良好互动，进而使官方思想得到更好地传播。

崇文院是负责官方雕版印刷的另一个重要机构，其职能除藏书、编修外，还负责校勘、抄书籍、雕造印版。元丰改制后，崇文院及三馆归入秘书省，其校雠出版职能也由秘书省代为行使。宋代馆阁出现了以雕版印刷为目的而组织的校勘活动，大中祥符七年（1014年）九月，"又并《易》《诗》重刻板本，仍命陈彭年、冯元校定。自后《九经》及《释文》有讹缺者，皆重校刻板"。此系列校勘活动减少了典籍谬误，保证了官刻印本的质量及权威性，亦塑造了传世之范本。

此外，各职能部门参与刊行与本部门相关的书籍，由专业知识人员刊修书籍，提高了书籍出版质量，如太史局所属之印历所专门掌雕印历书；译经院刊印的《景祐天竺字源》"华梵对翻"，并由宋仁宗亲笔题写序言，镂板颁行；仁宗时期御府所刻《三朝

南宋刻本《资治通鉴》

训鉴图》十卷；太医局出版《小儿卫生总微论方》；修内司所刊《混成集》等。

北宋官刻书籍以中央为主，南宋则以地方为主，各路盐茶司、漕司、转运司、计台司、提刑司等都有刻书，各州学、县学和书院也都有刻书。地方政府机构及官学为地方刻书主体。地方政府机构除自行刊刻外，有时还承担着中央政府的出版任务。不少国子监本书籍都是由杭州负责雕版印刷。南宋时，国子监等中央书库由于战乱损毁，版本缺失严重，"艰难以来，兵火百变，文书之厄莫甚今日，虽三馆之制具在，而向来之书尽亡"。而南方几大印刷中心书籍、印版等保存相对完整，且印刷技艺成熟，直接从地方收录书籍或是交由地方政府刻印不失为省时省力的方法。

地方政府部门及各级官学也积极从事刻版印刷，从事刻印的地方机构诸多，从传世书籍看就分为转运司本、郡斋本、郡庠本、县斋本、县学本等。其中，宋代地方公使库因资金雄厚及政策上的便利条件等，多为雕版书籍发行，成为宋代地方刻书一大特色。此外，由于地方刻印业的发展，部分地方政府更是设置了专门管理刻印和书籍书版的机构，绍兴府便设置了"书板库""书籍库"。地方长官大都具有士人和官僚的双重身份，偏爱编著书籍，看重任职之地的先贤或是名流作品，如乾道四年（1168年）刘珙出任江西安抚使，将胡安国的《春秋传》三十卷与郡斋出版，以方便后学之人参考。且利用担任地方官职之便刻印私家著述发售，如陆游之子陆子遹参与《渭南文集》编录，并在任溧阳令期间，刻板于溧阳学宫。

官刻在内容上多以经史类书为主体，此类书籍最能体现儒学宗旨，宣扬官方正统思想，且用作科考和学校教育用书。此类书籍校雠精益求精，多次重校，避免出现纰漏，如真宗咸平二年（999年），因"《唐书》浅谬疏略，且将命官别修，故不令刊板"。为避免民间粗制滥造，有悖于官方意识形态的传达，政府以法令形式垄断了经书的雕版，如北宋至道三年（997年）十二月，曾下诏外州不得私自雕国子监经书印版。虽然后来有所放松，坊间亦有经书雕印，但监本凭借其质量优良和较低定价，在经史类图书中占据了较大的市场份额。北宋时期"太平老人"在《袖中锦》中列举当时名列"天下第一"物品时，将监本书籍放在第一位。

私人刻本是指私人资助刻印书籍，不以营利为目的，包括私宅、私塾、书坊、书棚、书肆等。如寺院、道观、祠堂等用集体出资或募捐得款雕刻之书，都称为民间刻本。宋代的私刻本极为普遍，主要集中于经史、诸子、文集，医书和科技方面的著作比较少。我国现存最早最完整的法医学专著《洗冤集录》，是南宋时宋慈自撰自刻本。他根据自己任法官时的办案经验和前人办案资料，于宋理宗淳祐七年（1247年）编成此书，并出资刻印。私人刻本也有的可以出售，如宋代穆修"家有唐本《韩柳集》。乃丐于所亲，得金，用工镂板，印数百帙，携入京师相国寺，设肆鬻之"。（朱熹《五朝名臣言行录·前集》卷十）

民间书商刻书，后世称为"坊本"。书坊古称书肆，是卖书兼刻书的店铺，是一种具有商业性质的私人出版发行业。宋代书坊刻书特别盛行，几乎遍及全国，有记载的南宋刻书地点就有170多处，尤其是当时开封、杭州、衢州、建宁、漳州、长沙、成都、眉山等地，书坊林立。仅南宋临安有铺名可考的书铺就有20家。这些书铺刊刻的书籍五花八门，经史子集，无所不有，其雕版、印刷、校勘、装帧等工艺，在全国居于最高水平。

由于官刻、私刻与坊刻在目的上的不同，以广大群众为服务对象的坊刻在一开始就决定了它的数量在宋代图书总量中占大多数。民间通俗文学作品是坊刻本中最富生活气息的一部分，自问世以来，就受到大众喜爱。书坊主抓住这一社会需求，源源不断地刻印此类书籍，民间通俗文学市场日益繁荣。现存宋人平话小说中少见的早期刻本《大唐三藏取经诗话》在杭州临安中瓦子街张家书铺编印出版，它的意义不仅在于开辟了书坊编印图书的一个新门类，同时也为大众提供了一种富有故事性的适宜一般平民阅读的精神产品。几乎与此同时，建阳书坊也刊印了《三国志》《宣和遗事》《新雕皇朝事实类苑》等话本小说、杂唱变文一类通俗文学书籍，为社会中下层尤其是城市市民阶层所喜闻乐见。很多书坊又大量刻印医书、技艺书、话本、佛经及民间通俗类作品，以迎合大众的阅读需求及审美趣味。

宋代农业、手工业、商品经济的发展，带动了城市的繁荣，城市人口迅速增多，形成了庞大的市民阶层。市民阶层不仅是文化产品的生产者，也是文化产品的消费者。由此为书坊业的发展提供了广阔的市场。书院学者开堂讲学、教授弟子、重视读书，常有名师大儒、社会名流集中于各地书院进行讲学和学术辩论，带动了各个地方浓厚的学习之风，深刻影响了整个社会，有力地促进了宋代文化的繁荣和发展。而这些各级机构的教学离不开教材等读物，所以宋代教育的繁荣必然促进刻书业的进一步发展。

宋代刻书不仅刻工技艺精湛，而且纸墨装潢精美，书法精妙，纸质坚润，蝶装黄绫，开卷墨香，在版式、字体、装订上都特别讲究。北宋时刻书多用欧阳询字体，整齐浑朴，以后逐渐流行颜真卿、柳公权字体，南宋时逐渐出现一种秀劲圆活的字体。建阳书坊采用"上图下文"的形式刻印《尚书》《周礼》《道德经》《荀子》等经典，图文并茂，富有可读性。宋代的装订多采用蝴蝶装，用较厚的纸包裹作为

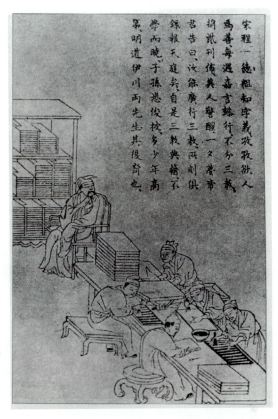

宋代的印书作坊

书皮，从外表看，厚皮包背。宋代后期，又出现了包背装。北宋时期，木版雕刻已经发展到铜版雕刻了。这时还出现了用两色三色套印的钞票，这是雕版印刷的一个重大突破。

宋人大量编刊本朝人的文集，对前代的文学作品也悉心地搜集整理、编撰和刊刻。宋代君臣兴文重学的风气与宋人视文章能"重世而行远"的态度，使宋人刻书尤其是刻别集的风气极盛一时。随着宋代刻本印书业的发展，印书的内容十分广泛。宋代以前的书籍陆续翻印，宋代作品也大量印刷。我国现存的最早的古代书籍，不少是宋代雕印流传至今的。唐代名医孙思邈的《备急千金方》，是我国现存最早的临床实用百科全书，是北宋时期刻版印刷的；

我国现存最早的数学著作《周髀算经》和数学专著《九章算术》，都是金哀宗正大八年（1231年）刻成的；我国现存最早的刻印围棋专著，是南宋御书院棋侍诏李逸民编辑的《忘忧清乐集》。此外传世的宋刻本还有《说文解字》《尔雅》《文选》《资治通鉴》等。

刻书产业的兴起也带领了相关产业的蓬勃发展，在此同时宋代的造纸业也进入了黄金时期，造纸技术逐渐成熟。纸张的产量越来越高，品种也十分全面，在整个宋代社会中纸张大部分用于了刻书。纸张的种类也变得十分丰富，人们刻书纸张的选择也越来越多，市场的多样性得以扩展。

二 宋代书籍的流通

宋代崇文风气盛行，皇帝提倡读书，上行下效，"君臣上下，未尝顷刻不以文学为务，大而朝廷，微而朝野，其所制作、讲说、记述、赋咏，动成卷帙，累而数之，有非前代之所及也"。宋代刻书事业的繁荣发展，促进了书籍的广泛流通。

有些大臣向皇帝投递、进呈抄本或印本书籍，这些书籍或为自己所著，或为他者所著。投进这些书籍，多是为了向君王展示自己的学识，以获得君王的赏识。官员向皇帝进献的书籍，有一部分是为皇帝经筵学习而编纂与刊刻的。经筵讲学中，讲读官往往会编写一些书籍，供讲读和皇帝学习。编写的书籍，先会上呈皇帝过目。官员进呈的书籍，有些时候还会得到皇帝御批。从搜集民间佚书到出版书籍皆有利于政绩，除得到赏赐外，还可升官，如"王日休进《九丘总要》，送秘书省看详，言其间郡邑之废置，地理之远近，人物所聚，古迹所在，物产所宜，莫不详备。诏特迁一官"。而朝廷则大开献书之路，鼓励臣子、学士向朝廷呈献典籍。这是增加和丰富图书储备的重要途径之一。

宋《西园雅集图》（局部）

　　历朝皇帝常以经籍图书赐予地方书院或学宫，以此鼓励学业。诸如：太平兴国二年（977年）诏国子监赐白鹿洞学徒《九经》；景祐元年（1034年）赐永兴军府学国子监刊印的《九经》；咸平四年（1001年）赐国子监本《九经》予岳麓书院，同年，并诏州县学校及聚徒讲诵之所，立赐《九经》。皇帝也有赐书给大臣的举动。这些书籍一般为皇帝的诗文著作，有时皇帝还将自己的御集和御注赐给大臣。赏赐这些书籍，多是希望大臣认真品读，乃至收藏。宋绶是北宋承平时期的大藏书家，曾为集贤校理，在馆阁编校藏书。朝廷"每赐（宋绶）必得二本"，此事一时在私藏家中传为佳话。宋绶死后，朝廷将他的千字文及其所藏墨迹入藏禁中。司马光、刘道原是《资治通鉴》的主要纂修者，神宗赏赐司马光颍邸旧书千卷，哲宗也曾赐书刘道原。由于雕版印刷术的广泛应用，宋代真宗时期，已呈"锓板成市，板本布满天下，中秘所藏，

139

莫不家藏而人有"的局面，故而朝廷的这种赐书举动，无疑是一种象征性奖励文教、统一经学思想的措施。

官刻书也会进入市场流通。大部分监本书对外发售，科举考试及学校用书存在着巨大的需求市场。为方便管理图书发行、出售等业务，国子监书库专门设置书库监官一职，"以京朝官充，掌印经史群书，以备朝廷宣索赐予之用，及出鬻而收其直以上于官"。监本经书通过诸路地方政府机构对外出售，"国学见印经书，降付诸路出卖，计纲读领，所有价钱，于军资库送纳"。售书盈利所得基本可归国子监自行支用，"诏国子监应卖书价钱，依旧置账，本监支用，三司不得管系"。

以政府之力收集医书，并加以校雠、刊行，并对外发售，于医学的传播、普及和发展带来了很大便利。由于医书部头较大，因而造价高，相对售价也高，以至于医人无力购买。政府根据市场反馈，进行了调整，"今有《千金翼方》《金匮要略方》《王氏脉经》《补注本草》《图经本草》等五件医书，日用而不可阙。本监虽见印卖，皆是大字，医人往往无钱请买，兼外州军尤不可得。欲乞开作小字，重行校对出卖，及降外州军施行"。除了改印小字本外，还对价格作出了限定。

宋初日历还为手写，后改成刻印，发行成本骤减，"日官乞每年颁历日亦雕版印行。旧每岁募书写人，所费三百千，今模印则三十千"。民间也多翻印官历牟利。因日历属日常所需用书，禁止民间私印小历，改由官方垄断发行，此举获得了较大盈利，"至是尽禁小历，官自印卖大历，每本直钱数百，以收其利"。至南宋，官府又同时发行大历和小历两个版本，大历基本是作为赏赐之用，小历通过榷货务出售，后来也开始向市场出售大历。

北宋时期汴梁书业繁荣，催生了流动书商与团行等新的流通渠道。这一时期，开封出现了挑着书担的流动售书者，有的还因售书而发迹。北宋汴京的大相国寺，有一个热闹的文化商品市场，所卖"皆书籍、玩好、图画，及

南宋刘松年《山馆读书图》（局部）

诸路罢任官员土物、香药之类"。大相国寺的东门大街，"皆是幞头、腰带、书籍、冠朵铺席"，当中有很多书店。南宋时，在两浙路、福建路的城市内，更是书坊林立，单是福建的建阳麻沙镇，至少便有36家有"牌记"可考的书坊（相当于民营出版社兼书店）。当时的建阳县每个月都有专门的图书展销会，"书市在崇化里，比屋皆鬻书籍，天下客商贩者如织，每月以一、六日集"。

宋代涌现出一大批出版商，最著名的当为经营"临安府棚北睦亲坊南陈宅书籍铺"的陈起。他建了一个私人图书馆，搜集善本，收藏图书，作为编辑、出版之用。他身边又聚集了一大群江湖诗人，为其供稿。陈宅书籍铺刊行的图书，编辑精心，质量上乘，深受市场欢迎，"付雕即成，远近传播"，坊间有"临安书肆，陈氏最盛"之说。临安另一家品牌书坊"荣六郎书铺"，是从汴京迁至杭州的，以专刻经史书籍闻名，其刻印发行的《抱朴子内篇》书后印有"牌记"文字五行："旧日东京大相国寺东荣六郎家，现寄居于临安府中瓦南街东，开印输经史书籍铺，今将京师旧本《抱朴子内篇》校正刊行，庶无一字差讹，请四方收书好事君子，幸赐藻鉴，绍兴壬申岁六月旦日。"

得益于发达的图书市场，宋朝一批有才情或有影响力的文人能够鬻文为生。例如南宋江湖诗人戴复古，一生未入仕，也不事生产，但漂泊江湖40年，而无衣食之忧，其一部分生活经费即来自稿酬，他自我解嘲说："七十老翁头雪白，落在江湖卖诗册。"不过他诗名大振后，出版的诗册立即成了畅销书，"其吟篇朝出，镂板暮传，悬咸阳市上之金，咄嗟众口；通鸡林海外之舶，贵重一时"。

从北宋末年开始，汴梁市场上已出现商品化的报纸，《靖康要录》载："凌晨有卖朝报者。""朝报"不是官方出版的邸报，而是民间雕印与发行的"小报"，只不过假托"朝报"（机关报）之名。宋光宗绍熙四年（1193年），有臣僚奏疏说："近年有所谓'小报'者，或是朝报未报之事，或是官员陈乞未曾施行之事，先传于外，固已不可。至有撰造命令，妄传事端，朝廷之差除，台谏百官之章奏，以无为有，传播于外。访闻有一使臣及阁门院子，专以探报此等事为生。或得于省院之漏泄，或得于街市之剽闻，又或意见之撰造，日书一纸，以出局之后，省部、寺监、知杂司及进奏官悉皆传授，坐获不赀之利，以先得者为功。一以传十，十以传百，以至遍达于州郡监司。人情喜新而好奇，皆以小报为先，而以朝报为常，真伪亦不复辨也。"

这样的小报定期出版，"日书一纸"投于市场，发行覆盖面达于州郡。北宋熙宁年间，市井中就有人刊印时政新闻卖钱："窃闻近日有奸妄小人肆毁时政，摇动众情，传惑天下，至有矫撰敕文，印卖都市。"南宋时临安城有了专门的报摊，《西湖老人繁胜录》与《武林旧事》记录的杭州各类小本买卖中，都有"卖朝报"一项，可见报纸零售已成为一种可以养家糊口的职业。

三 大藏经：宏大的文化工程

佛教经典的翻译，对于佛法的传播贡献至巨。这些译出的经典，经过历代的汇集、整编、刊刻，逐步成为大藏经。

"大藏经"简称"藏经"，又称为"一切经"，就是指中国汉文佛教典籍的总集。"藏"有"宝藏"的意思。其内容主要由经、律、论3部分组成，又称为"三藏经"，分别称为经藏、律藏和论藏。"经"是佛教为指导弟子修行所说的理论；"律"是佛教为信徒制定的日常生活所应遵守的规则；"论"是佛教弟子们为阐明经的理论的著述。其后又增加了有关经、律、论的注释和疏解等"藏外典籍"，成为卷帙浩繁的四大部类。现在，在佛教的诞生地印度次大陆，佛教原典已荡然无存，佛教一些重要典籍却借助汉文译本保存了下来。这是中国文明对世界文明的一大贡献。

宋代以后，我国的雕版印刷技术有了很快的发展，宋代佛经的刻印，是佛教史上一件开创性的大事件。汤用彤指出："宋初奖励佛法影响之最大者，为刊行全藏一事。"[1]吕澂也说："综计宋代三百余年间官私刻藏凡有5种版本，这也算是宋代佛教的特点。"[2]

宋代以前，只有刻板印刷的单本经书和佛教僧人的注疏著作，还没有大规模刻印佛教经典总集性质的大藏经。宋代由政府主持的大藏经雕刻始于宋太祖时，其印刷由印经院负责。到北宋末年，民间刻印取代了官方刻印。由朝廷资助并派人主持刻印的藏经习称"官版"，由地方官吏、富豪或寺院主

---

[1] 汤用彤：《隋唐佛教史稿》，北京大学出版社2010年版，第242页。

[2] 吕澂：《中国佛学源流略讲》，中华书局1979年版，第387页。

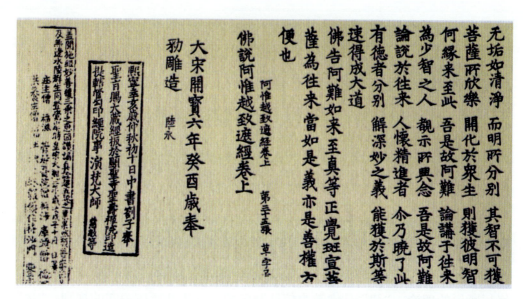

北宋开宝六年刻本《开宝藏》

持刻印的藏经习称"私版"。宋代 300 余年间，官私刻印的大藏经有 5 部，分别是《开宝藏》《崇宁藏》《毗卢藏》《思溪藏》和《碛砂藏》。其中《开宝藏》最有影响。

藏经的刊刻，其卷帙之广，版片之多，从书写、校对以至雕刻，是要聚集多数佛家弟子的体力、智慧、物力等众缘，历时数年乃至数十年而后才能圆满完成的。我国刻印藏经规模之浩大，影响之久远，在古代世界印刷史上是少有的事情，其意义已经远远超出了宗教的范围。刊刻佛经对雕刻、造纸、印刷等手工艺的发展，对加强与周边地区和民族的思想文化沟通交流，都具有重要的推动意义。

（1）《开宝藏》，是由宋太祖提议雕印的官刻藏经，是我国第一部木刻本大藏经。开宝四年（971 年），宋太祖派遣内官张从信到益州（成都）雕造大藏经，至太平兴国八年（983 年）完工，历时 12 年。由于刻成于益州，也称"蜀版"。《开宝藏》所收入的典籍依据《开元录》，计有 5000 余卷，刻版保存于汴京太平兴国寺内的印经院，并在那里刊印，印刷好之后颁发给各大寺院。随着新经陆续译出，不断补刻加入，另外还增刻了东土撰述和《贞元录》入藏经典，并予以校勘，最后达到 6620 余卷。《开宝藏》的印本为以后所有官私刻藏的样板，并曾印赠高丽、日本，高丽和日本均依汉文大藏经进行抄写刻印。《开宝藏》的问世，标志着印刷大藏经开始取代手写大藏经。

（2）《崇宁藏》，即福州私刻东禅等觉院版，元丰元年（1078 年）由禅院住持冲真等募刻，崇宁二年（1103 年）基本刻成，到政和二年（1112 年）结束，共得 564 函，5800 余卷。（南宋乾道、淳熙年间又补刻十余函）。

（3）《毗卢藏》，即福州私刻的开元寺版。在东禅版刻成的一年，由福州开元寺僧人本明、本悟、行崇等人发起劝募，当地信众蔡俊臣、陈询、陈靖、刘渐等人组织了刻经会，出资赞助，政和二年（1112 年）开雕，绍兴二十一年（1151 年）竣工，历时 40 余年。此藏基本上依东禅版规模完成，共得 595 函，1451 部，6132 卷。南宋隆兴初曾补刻两函。

（4）《圆觉版》，即湖州思溪圆觉禅院版，通称"思溪版"。资金由致仕的密州观察使王永从一家所出，从北宋政和七年（1117 年）开雕，在南宋绍兴二年（1132 年）基本完成，内容依据福州版，而略去一般入藏的著述，共得 548 函，5480 卷。

（5）《碛砂藏》，即平江碛砂延圣禅寺版，此藏因受了思溪版的影响而发起，在南宋绍定二年（1229 年）由当地官吏赵安国独自出资刻成《大般若经》等大部经典作为首倡，端平元年（1234 年）仿思溪版编定目录，刻至咸淳八年（1272 年）以后，因战火逼近而中止，后到元代才继续刻成。因此，它对原定目录的内容颇有更动，并补入元刻各书，共得 591 函，6362 卷。

大藏经数量过大，不易全部阅读，就催发了解题目录的出现。天圣二年（1024 年）遵式撰《教藏随函目录》，叙述诸部著作大意，但早已佚亡，内容不详。崇宁三年（1104 年）惟白撰《大藏纲目指要录》（简称《大藏经指要录》《大藏纲目》《纲目指要》）8 卷，依《开元录》入藏次第，逐函分列卷次，逐卷略录义例，钩玄提要，使阅者能了解宏纲。崇宁四年王古撰《大藏圣教法宝标目》（简称《大藏法宝标目》《法宝标目》）8 卷。元大德十年（1306 年）管主八续补成 10 卷，内容分总标年代、别约岁时、略明藏乘、广列名题（即各经的解题，以一经或一会为主，加以解说）四部分。

辽朝在辽兴宗（1031—1055 年）在位时期也开雕《大藏经》，至道宗朝1062 年完成，有 579 帙，俗称"辽藏"或"丹藏"。

宋版的《大藏经》和辽版《大藏经》都曾传入高丽，大都为赐送所得。

四 明清的刻书事业

明代刻书业和图书市场十分发达。明政府一贯重视书籍的刊刻印行，"丙午五月庚寅，命有司博求古今书籍"。洪武元年（1368 年）八月，诏除书籍税。永乐皇帝也称："置书不难，须常览阅乃有益。凡人积金玉欲遗子孙，朕积书亦欲遗子孙。金玉之利有限，书籍之利岂有穷也？"到了仁宣时期，"秘阁贮书二万余部，近百万卷，刻本十三，抄本十七"。在政府的长期支持和倡导下，明代社会藏书、刻书风潮涌动，印刷业十分发达，是我国雕版印刷业的繁盛时期。

明代印刷技术有了较大的发展，饾版、拱花，套印本和插图本大量出现，印刷专用字体形成并广泛使用。除雕版外，活字印刷也得到了应用，木活字本、铜活字本成为明本的一个特色。印刷的地域、规模、品种都有较大的突破；线装取代了包背装，成为古籍的主要装订形式。明本书在刻书地区、刻书形式、刻书技术、刻书范围、民间书坊数量上等方面都远胜于前代。清代是中国传统印刷事业发展的最后阶段，书籍的刻印技术在承接前代发展的基础之上，又进一步发扬光大，尤其在清朝的初期，印刷事业的发展达到一个高峰。

明代前期刻书承宋元遗风，版式和字体无多差异，主要字体是赵体或宋体，版式为黑口，以内府司礼监刻本为主要代表。明代中期主要指嘉靖万历时期，这一时期是造纸业的巅峰时期，出现了白棉纸这样质量上乘的纸张，其质皎洁如玉，坚韧若素。而恰在此时文坛上出现"前后七子"所推崇的文化复古风气，风向所及蔓延至刻书事业，刻书出现了对宋代的全面复古，进而出现一种形似宋体而又有别于宋体的字体，这种字体加上白棉纸成为一种全新的组合，版本学称之为"嘉靖白棉纸本"。到了明代晚期，闵氏和凌氏创造出多色套印本，套色精准，明湛悦目，风靡一时。

和宋代的情况一样，明代图书的出版分为官刻、家刻与坊刻三种。清代的雕版印书，仍沿袭明代，以官刻、私刻、坊刻三大系统继续向前发展。

中央官府刻书，是内府即皇室刻书，大部分是以明朝皇帝名义编著有关政教礼制的书。内府刻书属司礼监掌管，由司礼监的附属机构经厂刻印。成祖永乐年间即开始。最初刻印数量较少，主要供给内书房学习和大小太监诵读之用。多是些经史读本、前代儒家性理道学古籍和明代政令典籍之类的书籍。迁都北京之后，司礼监扩大机构，扩大了刻书范围和数量。经厂本刻书大都是赵体字，每册都钤有"广运之宝"

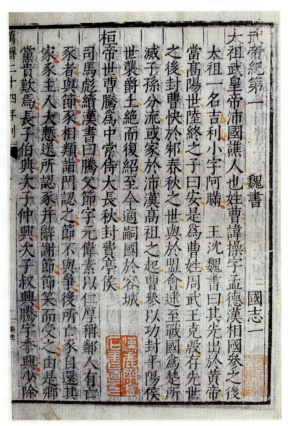

明万历二十四年南京国子监刻本《三国志》

的印玺。经厂本版框宽大、行格疏朗、字大如钱，纸墨选用上品，雕印择技术良工。在经厂本的影响下，其他官刻、私刻图书也都精写精刻，刻印水平遂得到提高。

中央政府各部院、都察院等机构也都刻书。特别是礼部、兵部、工部刻书较多。钦天监专掌天象、历法，比如刻有《天文刻》之外，每年都要印行《大统历日》。太医院是为宫廷服务的最高医疗机构，曾刻印《铜人针灸图》《医林集要》《大明律真引》等大部头书籍。

明代的国子监也是官方刻书的重要机构。明朝在南京和北京均设国子监，南京国子监刻书数量多且质量好。南京国子监接受了元集庆路儒学和元西湖书院所存的书版，印书270余种。北京国子监刻印不到百种，以经史为主，著名的有《十三经注疏》《二十一史》等。因而有"南监本"和"北监本"之称。

明代很多府县都刊刻本地方志。各地的儒学、书院、监运司等也间或刻印书籍。在明代的官刻本中值得注意的是藩府刻书。明代采取分封同姓的制度，把王室子孙封到各地为王。他们之中有的人比较好学，喜欢校书、刻书，又因为藩府刻书多数以宫廷赏赐的宋元版本作为底本，校勘精审、纸墨讲究、刻印精良。比如嘉靖三十年（1551年）徽藩刻《词林摘艳》，写体上版，书法流畅自然，为藩刻中的佳作。

清代的政府刻书，在宫中武英殿

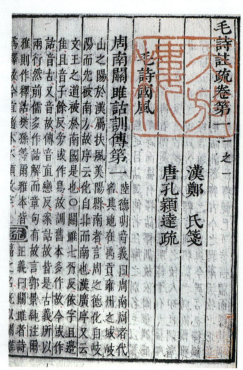

明崇祯三年汲古阁刻本《毛诗注疏》

148

设置修书处，专掌修书、刻书之职。选派翰林院词臣负责管理，并任用博学的词科学士参与编校刻印书籍。另召各类工匠担任雕版、刷印、装帧工作，称"武英殿刻书"，或称"武英殿本""殿本"。虽然内府仍有其他机构也刻印书籍，但武英殿刻书则成为清代中央官刻书的主要代表。

清代历朝官刻本都由武英殿承刻，刻书的范围很广，内容种类繁多。大致为以下几方面：首先是清代皇帝的著作，如圣训、圣制、御制之书，还有一些书籍，是皇帝授命臣下编修的，因而冠以"钦定""奉敕"之名。康熙之后，御纂、御制、敕命之书更多。乾隆四年（1739 年），诏刻《钦定十三经注疏》和《钦定二十四史》，即重校刻明万历北监本《十三经》《二十一史》，增刻《明史》《旧唐书》，又辑刻《旧五代史》，是为《二十四史》。"二十四史"之名即始于此。殿版书由此发展到极盛时期。武英殿还刻印《通典》《通志》《文献通考》等前代的政书，以及刻印仿宋岳珂《五经》，并重刻经学著作《论语集解注疏》，刊印《补刊通志堂经解》等。清代初期每次大的军事行动之后，必定编纂成书，记录始末，称方略或纪略。相当于纪事本末体史书，而每事又以编年为序，原原本本记录事情的全部经过，付诸刊行。武英殿还大量编纂汉族、满族、蒙古族等各民族文字用书，其中最著名的当属卷帙浩繁、收录 48000 余汉字的康熙五十五年（1716 年）刻印的《康熙字典》。

除殿版刻本之外，还有扬州诗局承刻的书籍，世称"扬州诗局本"。扬州诗局由江宁织造曹寅主持。扬州诗局刊刻 10 余种书，将近 300 卷，都是工楷写刻。有的蝇头细书，秀丽天成，极为精美。900 卷的《全唐诗》即由扬州诗局刊刻。

清代初期，地方官刻并没有太大的开展，后来武英殿允许各省翻刻，各省的官刻书才逐渐增多。晚清时，先后相继成立江南书局、金陵官书局、浙江官书局、四川官书局 、安徽敷文书局、山西官书局、山东官书局、直隶官书局等。这些书局所刊刻的书籍中经史居多，诗文次之。

　　明代私人刻书非常盛行，尤其是正德、嘉靖年间发展很快，涌现出众多的私人刻书家。私人刻书家往往又是著名藏书家，他们刻书态度比较认真严肃。此时出现的翻宋、仿宋刻书热潮，就是首先由私家发起而延及官刻、坊刻的，并且以苏州地区为中心，推广到全国。不仅刻书数量增多，而且推出了不少佳品。有人专门搜集刻印古籍秘本，自刻家集，选辑诗，文附加评点，类编旧书章句等。刻书在万历年间最为活跃，刻书数量最多。

　　毛晋是明代后期影响较大的私人刻书家。毛晋的汲古阁不仅抄书、刻书，也售卖书籍，这一点与一般私人刻书有所不同，它有私刻与书坊刻书兼备的性质。毛晋自己有着一套规模庞大而完备的机构，亲自投资、招聘人才、组稿、校勘、编审、书写、镌刻、印刷、装帧，分工细致，工序环节紧密。书籍刻成之后，直接进行销售。从编、印、出版到发行，全部由自己成立的机构运作完成。其家刻书品种之多超过任何一家坊刻，甚至超过北监。其刻本被后人称为汲古阁本，最著名的为《十三经注疏》《十七史》。毛晋不仅自己刻书，还代别人刻书印书。如代张溥刻过《南史》《汉魏六朝三百名家集》，代钱谦益刻《列朝诗集》，代张潜刻《苏门六君子集》，代冯班刻《冯定远全集》。

　　清代私家刻书，一类是著名文人刻印自己的著作和前贤诗文，这类书选用纸墨都比较考究，世称"精刻本"。清代写刻精本，肇于康熙，盛于乾、嘉，手写精刻，蔚然成风。故在这一阶段，精本佳刻迭出不穷。另一类则是考据、辑佚、校勘学兴起之后，藏书家和校勘学家辑刻的丛书、逸书，或影摹校勘付印的旧版书。乾、嘉时代一些藏书家延聘著名校勘学者从事校书刻书工作，所校书籍往往汇刻为丛书。有些校勘学家自己也校刻书籍。在提倡汉学的风气下，有些人还从事搜集已经亡佚的书籍的工作，从许多引用这些佚书的著作中把其片言只字都搜集起来，汇为一书。私家刻书也可以放到其他书肆代售。如清代孙衣言在刻印《永嘉丛书》后，即托胡凤丹的退补斋书坊寄售，"拙刻《永嘉丛书》十四种现拟纂印一二十部寄存退补斋中，庶或有售者"。（《名

贤手札》)

坊刻是书坊主自行投资的、以盈利为目的的出版活动。隆庆、万历以后，随着商品经济的发展，在一些商业比较繁荣的江南城镇，出现了很多大大小小的书坊。明代的书坊刻书仍以建阳为最盛，湖州、歙州的刻书工艺发达，南京、苏州、常熟等地方的书坊刻书盛极一时，其中仅南京一地就有 150 余家书坊。北京作为全国政治、文化中心，刻书事业日渐繁荣，坊间刻书也迅速发展起来，特别是在正阳门、宣武门、琉璃厂一带地区，书铺林立。商业出版因此空前繁荣，图书开始大规模地进入商品流通领域。

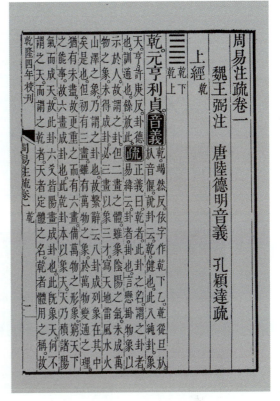

乾隆四年武英殿刻本《钦定周易注疏》

坊刻的刻书种类很多，有医书、科举用书、小类书等，有大量的戏曲小说等通俗读物。从嘉靖年间开始，很多书坊开始刊行白话小说，如《西游记》就是在嘉靖时成书并刊行的，《水浒传》和《三国演义》虽然成书于元末明初，但其广泛刊行也是始于嘉靖年间。到万历年间，白话小说的出版达到鼎盛并持续至明末。这一时期，《三国演义》《水浒传》《西游记》依然被各大书坊争相刊刻。《三国演义》刊刻后，一大批历史演义小说创作出来并很快得以刊行，每个朝代都有对应的历史演义小说出版，有的还有好几种版本。《西游记》畅销后，神魔小说的创作和刊刻也兴起了一个高潮。一些书坊还组织编纂和刊刻了三大名著的续本，如《西游补》《续编三国志后传》

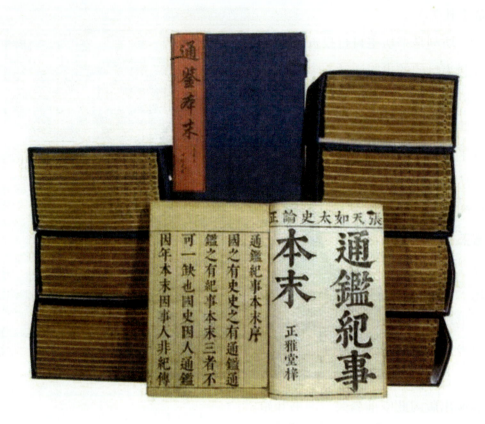

清《通鉴纪事本末》康熙年间线装本

《后水浒传》等。晚明反映普通市民阶层生存状态和价值观念的世情小说的刊刻更是异常繁荣，其中长篇以《金瓶梅》为代表，短篇小说集则以"三言""二拍"为代表。为了与大众流行出版物相区别，文人雅士积极设计刊刻将诗、书、画、印等艺术形式结合起来的书籍。

清初对坊刻书籍严加限制，先后颁布查禁坊间不利于统治的戏曲小说的禁令，如顺治九年（1652年）发布禁令："坊间书贾，止许刊行理学政治有益文业诸书，其他琐语淫词及一切滥刻窗艺社稿，通行严禁。违者从重究治。"康熙二年（1663年）议准："嗣后如有私刻琐语淫词，有乖风化者，内而科道，外而督抚，访实何书系何人编造，指名题参，交与该部议罪。"

152

康熙五十三年（1714年）发布惩处条例："凡坊肆市卖一应小说淫词……严查禁绝，将板与书，一并严行烧毁。嗣后若有违禁，仍有私行造卖刷印者，系官革职，军民杖一百，流三千里；卖者杖一百，徒三年；买者杖一百；看者杖一百。"类似《水浒传》《三国演义》等图书一直被作为淫书而被查禁。在此严禁政策之下，清初坊刻刊刻的图书范围和数量锐减，国内图书市场也大大萎缩。清初王士祯在《居易录》说："近则金陵、苏、杭书坊刻板盛行，建本不复过岭，蜀更兵燹，城郭邱墟，都无刊书之事，京师亦鲜佳手……坊刻皆所不逮，古今之变，如此其亟也。"

清代中期以后，坊刻事业逐渐活跃，刻书数量很大。许多民间大众读物，诸如小说、戏曲、唱本、医方、星占、类书、日用杂字等，多由这些书坊刻印出版。坊刻图书还有反映民间生活、社会风俗习惯的资料，童蒙读物以及科举应试用书，如《三字经》《百家姓》《千字文》《神童诗》《弟子规》《幼学琼林》等。清代中叶，苏州书坊林立，是当时刻书中心地区之一。创设于明代后期的扫叶山房，最初设在苏州，刻印经、史、子、集四部之书，以及笔记小说、村塾所用经史读本，多达数百余种。到同治、光绪年间，扫叶山房刻书种类更多，数量更大，行销大江南北，常见的有《毛声山评点绣像金批第一才子书三国演义》《绣像评点封神榜全传》《千家诗》《龙文鞭影》《龙文鞭影二集》等。道光以后直到清末，书坊集中地区仍以南北两京和苏、扬二州为中心。

五 明清的图书市场

刻书业的发达与图书市场的发展密切相关。据《明史》记载："明洪武，除书籍田器税，民间通负免征。"朝廷对刊印书籍以及图书生产用的笔、墨类和流通运输类不征税。明成祖也说："士庶家稍有余资，尚欲积书，况朝廷乎？""凡人积金玉欲遗子孙，朕积书亦欲遗子孙。金玉之利有限，书籍之利岂有穷也。"在朝廷的鼓励和推动下，明代逐渐形成了以藏书刻书为荣，以贩书售书谋利的风气。同时，随着印刷技术的进步，图书生产的数量与日俱增，装帧也更加美观实用，图书市场日渐繁荣。

明清的官刻本，通过各级行政部门进行图书的发行。其所发行的图书，一般都是国子监或内府刻本。中央政府除通过各级行政部门销售、颁发图书外，还常常将样书颁发到各地，令各地政府翻刻，并允许士人坊贾前去印刷。清代初年由皇帝下令纂修的《周易折中》《尚书汇纂》《诗经汇纂》等书就曾颁布到各直隶省并令其翻刻，除允许士子前去印刷外，还特地招募书商印刷发行。

明清时期，图书发行业已形成了一个完整而严密的体系。在当时书籍数量不断增多、读者需求不断增长的情况下，这个发行体系能够有效地将大量的图书输送到它的需要者手中。读者"挟资入贾肆，可立致数万卷"（明曹溶《流通古书约》）。明清时期图书发行的渠道多种多样：有固定在某一地点的，如固定店铺、书摊、集市、考市等；有流动于某一地区的，如负贩、货担郎、书船等；还有利用其他关系作为发行渠道的，如利用政府行政系统、利用亲友关系等。

大都市书肆都比较集中，形成了作为图书交易中心的书市。明代图书市场，主要分布于如今北京地区和东南吴越地带，并遍及如今福建、湖北、湖南、云南、贵州、四川、陕西、山西、河南各地。明万历年间胡应麟《少室山房笔丛》载："今海内书，凡聚之地有四：燕市也，金陵也，阊阖也，临安也。闽、楚、滇、黔则余间得其梓。秦、晋、川、洛，则余时友其人，旁诹历阅……"胡应麟所谓的"四聚"是当时四个重要的图书中心，即燕京、金陵、苏州、杭州。在这四地中，仅仅南京和苏州两地，就占了书籍刻印市场的十分之七。此外，当时福建的建阳、南直隶的徽州、常熟、无锡、浙江的湖州、山西的晋阳、

明刻本《喻世明言》插图

四川的成都等地都各自成为该地区的图书中心市场。

当时南京城中的书坊大都集中在三山街至内桥一带，这一带是南京城内最繁华的地段。胡应麟说："凡金陵书肆多在三山街及太学前，凡姑苏书肆多在阊门内外及吴县前，书多精整，然率其地梓也。"金陵书市最为繁华，孔尚任的《桃花扇》中书坊主蔡益描绘说："天下书籍之富，无过俺金陵；这金陵书铺之多，无过俺三山街；这三山街书客之大，无过俺蔡益所。你看十三经、廿一史、九流三教、诸子百家、糜烂时文、新奇小说，上下充箱盈架，高低列肆连楼。不但兴南贩北，积古堆今，而且严批妙选，精刻善印。"金陵之外，苏州、杭州书市亦承继明代的盛况而继续发展。

乾隆、嘉庆时期，图书中心市场分布更广，北京图书市场繁荣发达，书铺林立，仅琉璃厂一带就有100多家，隆福寺街也是京都书肆繁集之处。有的以贩卖为主，有的兼作雕版印刷发行。

图书作为商品在集市发行已有很长的历史，售书的集市分两种，一种是专门售书的集市，这种集市一般带有批发性质，其地点多在刻书发达的地区，购买者多是书商。在当时福建建阳县的崇化里，每月初一、初六都有一次图书交易集市，"比屋皆鬻书籍，天下客商贩者如织"（嘉靖年间《建阳县志》卷三），当地人称之为"书市"。另一种为兼售图书的综合性商业集市。明清时期每逢乡试、府试时，都有大量的书商云集考场附近，形成一个繁荣的图书市场。这些书商或"税民舍于场前"，或搭一个简易书棚，或在空地上摆一个书摊。

以销售图书为主业的各家书铺，有的是单一的图书发行店铺，即只发行而不雕刻（抄写）图书的店铺。清代小说《歧路灯》中有这样的描写，阎楷与王象荩合开了一家书铺，其所售书是"在南京发了二千多两银子的典籍"，还有一部分是"将苏家星黎阁旧存书籍兑下"。在书铺悬挂的招牌上还写着"经史子集法帖古砚收买发兑"。单一的图书发行店铺随着自身营业的发展也有涉足出版业的，有的书坊就是兼做刻书和销售。随着图书发行业的发展，一些规模较大的图书发行店铺往往在其他地区开设分号。如清代中期创设于四川的善成堂，总号设在重庆，又在当时的成都、南昌、沙市、汉口、东昌、济南、泊镇、北京等地设有分号。

兼售图书的杂货铺是以售卖杂货为主同时也兼售图书的店铺，在古代又叫做"星货铺"。有设在市廛店铺周围的售卖图书的摊点，也有设在集市上的书摊。清代学者王士禛就经常逛这类书摊，曾经有个士子到他家去谒见他，去了几次都没有见到，有人给这个士子出了个主意，让他每月十五日到慈仁寺的书摊去等候，结果真的在这里遇见了王士禛。货担郎在销售其他货物的同时也有兼售图书的，其所售图书一般为通俗性读物，如兔园册子、戏曲唱本等。

第三篇　百科与藏书

第八章 知识汇聚与百科全书

一 中国式百科全书

古代类书既是传统中国独具范式的典籍，也是中华民族丰富文化的结晶。从魏晋南北朝直至明清近世，历代类书的编纂绵延不断，形成了源远流长的发展脉络和历久弥新的修撰传统。

类书是摘录、汇辑经、史、子、集等多种文献中的词、句、段、篇，然后按内容性质等分门别类进行编排组织以供寻检和征引的一种传统的工具书。类书是兼具"资料汇编"和"百科全书"性质的工具书，可以说是中国式百科全书。

中国古代书籍按类而分并不是类书的独有现象。远在类书出现之前，大量的典籍都是按类编排的，如《尔雅》"明分部类，据物标目"，《淮南子》"博采群说，分诸部类"，《吕氏春秋》的十二纪、八览、六论，这些都是类编的雏形。

中国类书首先是官修类书。官修类书历代不绝，政治昌明的时代更易推动重大文化工程的构想和完成。乾隆三十九年圣谕开篇称："国家当文治休明之会，所有古今载籍，宜及时搜罗大备，以光册府，而裨艺林。""盛世"所修之"典"，主要体现为两种形式，一是正史，一即类书。修史书是为了总结前朝故事以为鉴戒，修类书则根植于文献困厄与政府典藏的传统。每当易代之际，传世文献通常遭遇大规模的焚毁之厄，因此新朝廷致力于搜集和整理典籍，作为构建新朝文化方略的思想资源和文献基础。

官修之外，还有大量私修类书。历代私修类书总量之巨，远在官修类书之上。在传统中国的知识世界里，官修类书往往以"御览"为动机，而宋元以降渐次兴起的私修类书和坊刻类书则主要体现为"备览"，反映出知识受众的普及化。

我国最早的类书是三国时期编纂的《皇览》，被后世学者视为"类书之祖"。因为魏文帝个人的爱好，令臣下搜集经传整理而成，据载其字数约为800万字。《皇览》明确"随类相从"的编排方式，思想内容以综述为主，并时常征引典籍，已与后世逐渐定型的资料汇编式类书相去不远。《皇览》由于篇幅太大，不易流传，到南北朝时期就只有缩编本、摘抄本。原书已经亡佚，而这些缩编摘抄的本子到五代时期也都散佚殆尽。

南朝类书的兴盛，和朝野上下以博闻强识为上的风气有关，编撰类书是为了炫博，再有文学上的讲求用典和辞藻，以求文章的华丽。比如南朝梁刘孝标的《类苑》，梁武帝敕编的《华林遍略》。在隋和唐初，《华林遍略》倍受统治者重视，几度成为官修类书编纂的典范和取材的对象。

在北朝，北齐后主命祖珽等人"取《芳林遍略》，加《十六国春秋》《六经拾遗录》《魏史》等书"，仅历时7个月即编纂而成《修文殿御览》。在编纂体系上经过重构和改造，不仅体现了北朝文化的特色，而且"萧、颜撰例，诸贤秉笔"，撰例谨严，编排有序，因此后出而转精。

唐初虞世南编《北堂书钞》160卷，引书800多种，其中十之八九已经亡佚，而且多为隋以前的古书。

唐欧阳询等编《艺文类聚》100卷，对前代的类书进行了改造，收录了诗文，而且有些诗文最早见于其中，他处均为后出。

二 "宋四大书"

宋代是古代类书发展的鼎盛时期，其中以"宋四大书"最为重要。

"宋四大书"，包括《太平广记》《太平御览》《文苑英华》《册府元龟》，都是北宋时编写的百科全书性质的大书。其中《太平广记》《太平御览》和《文苑英华》是宋太宗时编写完成的，《册府元龟》则是宋真宗时完成的。后世合称此四书为宋朝四大部书，或"宋四大书"。

北宋初年，宋太宗赵光义于太平兴国二年（977 年）命李昉等编撰《太平御览》编修，至太平兴国八年十二月书成，共 6 年。据《宋会要》载，《太平御览》是以《修文殿御览》《艺文类聚》《文思博要》等书为蓝本进行编撰的。宋敏求《春明退朝录》谓"书成之后，太宗日览三卷，一岁而读周，故赐是名也"。

《太平御览》凡 1000 卷，为宋代最大的类书之一，索引经史图书，凡 1690 余种，今不传者十之七八，征引赅博，足资考证。全书分 55 门，名次

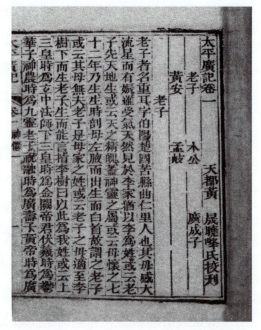

清代刻本《太平广记》

明铜活字印本《太平御览》

是：天部、时序部、地部、皇王部、偏霸部、皇亲部、州郡部、居处部、封建部、职官部、兵部、人事部、逸民部、宗亲部、礼仪部、乐部、文部、学部、治道部、刑法部、释部、道部、仪式部、服章部、服用部、方术部、疾病部、工艺部、器物部、杂物部、舟部、车部、奉使部、四夷部、珍宝部、布帛部、资产部、百谷部、饮食部、火部、休征部、咎征部、神鬼部、妖异部、兽部、羽族部、鳞介部、虫豸部、木部、竹部、果部、菜茹部、香部、药部、百卉部。各部下又分类，类下又有子目，大小类目共计约 5474 类。虽多转引类书，不能一一出自原本，而网罗浩博，足资考证古籍轶文。

宋太宗曾表示："此书千卷，朕欲一年读遍。"命人日进三卷，备"乙夜之览"，太宗感叹道："开卷有益，不为劳也。"

同时编纂的类书，还有《太平广记》，也是李昉、扈蒙、李穆等人奉宋太宗的命令集体编纂。全书 500 卷，目录 10 卷，共分 92 类，专收野史以及小说杂著。神怪故事占全书所记比重最大，卷数多的如神仙 55 卷、女仙 15 卷、报应 33 卷、神 25 卷、鬼 40 卷。李昉等在奉诏编撰《太平广记》后，向皇帝上表，提到此书宗旨"博综群言，不遗众善""编秩既广，观览难周，故使采撷菁英，裁成类例"。书中绝大部分小说都是唐代的作品，如六朝志怪、唐人传奇等，有些篇幅较小的书几乎全部收录，其中许多原书如《旌异记》《启颜录》等已失传，靠本书而得以流传。书里最值得重视的是第 484 至 492 卷，所收的《李娃传》《东城老父传》《柳氏传》《长恨传》《无双传》《霍小玉传》《莺莺传》等，都是唐人传奇的名篇，最早见于此书。

《太平广记》保存了近 7000 则故事，其中主要是小说，如果不是此书收录保存，大半将不免亡佚。宋元明清很多话本、小说取材于此，诸如《西厢记》大抵依据其中的唐元稹《莺莺传》。鲁迅研究小说时也借助于此书。

《文苑英华》是宋太宗时李昉、扈蒙、宋白、徐铉等 20 余人共同编纂的文学总集，于太平兴国七年（982 年）开始编辑，后来宋太宗又命苏易简、王祐等人参修，雍熙三年（986年）完成，篇幅多达1000卷。选材局限与《文选》相衔接，上自南朝梁代，下至五代，按文体分赋、诗、歌行、杂文，还收录了诏诰、书判、表疏、碑志等，可用来考订史实。其中唐人作品占十分之九。南宋宋孝宗时周必大、胡柯、彭叔夏校订后刊行。

在"宋四大书"中，《册府元龟》规模最大，几乎概括十七史，是其他的数倍，所以被称为"宋四大书"之首。

《册府元龟》初名《历代君臣事迹》，北宋真宗景德二年（1005年）九月廿二，下诏王钦若、杨亿修历代君臣事迹，前后历时8年，至大中祥符六年（1013年）八月十三书成。《册府元龟》广泛取材于正史、实录，但不取笔记杂史，成书多达1000卷，是宋代存世最大的著作，其中唐朝、五代实录史料极其丰富。《册府元龟》材料丰富，引文整篇整段，自上古至五代，按人、事、物，分门编纂，以年代为序。《册府元龟》的编纂目的是"欲载历代事实，为将来典法，使开卷者动有资益"。编纂的特点是所采资料不改旧文，每部前有总序，每门前有小序。真宗序说："粤自正统，至于闰位，君臣善迹，邦家美政，礼乐沿革，法令宽猛，官师议论，多士名行，靡不具载，用存典刑。凡勒成一千一百四门，门有小序，述其指归。分为三十一部，部有总序，言其经制，凡一千卷。"

《册府元龟》的31部为：帝王、闰位、僭伪、列国君、储宫、宗室、外戚、宰辅、将帅、台省、邦计、宪官、谏诤、词臣、国史、掌礼、学校、刑法、卿监、环卫、铨选、贡举、奉使、内臣、牧守、令长、宫臣、幕府、陪臣、总录、外臣。

三　《永乐大典》

明代文化的繁荣与定型，与这一时期图书事业的发展有很大关系。明代图书事业之盛，以编纂大型类书《永乐大典》为代表。

类书是古代文献资料的汇编，它辑录各门类或某一门类的资料，按照一定的方法编排，是便于寻检、征引的一种工具书。类书类似于百科全书，有人称其为古代的百科全书。我国第一部类书是魏文帝时王象、刘邵等人奉敕编纂的《皇览》。唐代的类书有虞世南的《北堂书钞》，欧阳询的《艺文类聚》，徐坚的《初学记》。宋代是我国类书史上的黄金时期，当时的大型类书有李昉等人编纂的《太平御览》1000卷，《太平广记》500卷；王钦若、杨亿等编的《册府元龟》

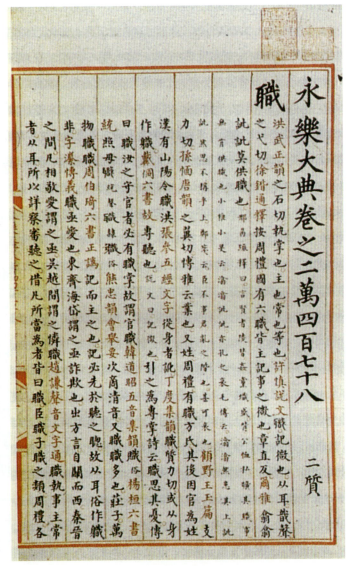

明嘉靖、隆庆年间写本《永乐大典》

1000 卷。

明代官修的《永乐大典》是我国历史上最大的类书之一。明太祖洪武二十一年（1388 年），即欲修纂类书，商议"编辑经史百家之言为《类要》"，但未修成。明成祖即位后，欲借修纂类书以炫耀文治，登基不久便命翰林侍读学士解缙等人负责编纂类书，融天下古今典籍于一书之中。编撰宗旨是："凡书契以来经史子集百家之书，至于天文、地志、阴阳、医卜、僧道、技艺之言，备辑为一书，毋厌浩繁！"在编书过程中共召集 147 人，首次成书于永乐二年（1404 年），初名《文献集成》。明成祖过目后认为"所纂尚多未备"，不甚满意。永乐三年（1405 年）再命太子少傅姚广孝、解缙、礼部尚书郑赐监修以及刘季篪等人重修，动用朝野上下共 2169 人编写。组织设监修、总裁、副总裁、都总裁等职，负责各方面工作。蒋用文、赵同友各为正副总裁，陈济为都总裁。参与编修《永乐大典》人员的生活条件优裕，他们居住在离皇家藏书处文渊阁不远的崇里坊等地，由光禄寺早晚供给酒肴、茗果，还发给膏火费，官员参与编修的可以免朝，待遇十分优厚。当时有人就以"天下文艺之英，济济乎咸集于京师"来形容《永乐大典》编纂的盛况。

永乐五年（1407 年）书成，明成祖定其名曰《永乐大典》，亲自制序，称赞其"上自古初，迄于当世，旁搜博采，汇聚群书，著为奥典"。

《永乐大典》共 22937 卷，目录 60 卷，分装成 11095 册，达 3.7 亿字，广收了上自先秦，下至明初的经史子集百家之言以及天文地理、阴阳医卜、僧道技艺等 8000 余种典籍。数量是前代《艺文类聚》《太平御览》《册府元龟》等书的五六倍。保存了 14 世纪以前中国历史地理、文学艺术、哲学宗教和其他百科文献，与法国狄德罗等编纂的百科全书和英国的《大英百科全书》相比，都要早 300 多年，堪称世界文化遗产的珍品。

《永乐大典》在永乐年间纂修完成后，只抄录了一部，叫做"永乐正本"；到嘉靖朝，怕大典有损，又重录了一部，称为"嘉靖副本"。因为两部大典都深藏在皇宫中，没有刊印，流传稀少。时至今日，《永乐大典》早已散佚殆尽，现经多方收集，散藏于世界各地的有 800 余卷，不过为总数的 3%。

《永乐大典》的最大贡献在于保存了我国明初以前各种学科的大量文献资料。在这方面，清代学者对《永乐大典》所做辑佚工作非常重要。乾隆年间开"《四库全书》馆"时，安徽学政朱筠奏请"校《永乐大典》，择其中人不常见之书辑之"，得到乾隆皇帝的批准，于乾隆三十八年（1773 年）设立了《四库全书》馆"校勘《永乐大典》散篇办事处"、先后参加者共 39 人，其中有著名学者戴震、邵晋涵、周永年等。到乾隆四十六年（1781 年），共辑出书籍 385 种，4946 卷。其中重要的文献如西晋杜预的《春秋释例》、唐林宝的《元和姓纂》、北宋薛居正的《旧五代史》、南宋李心传的《建炎以来系年要录》、宋代医学名著《苏沈良方》《博济方》《伤寒微旨》等都是亡佚已久的秘籍，全赖《永乐大典》才得保存下来。

四 《古今图书集成》

清代是中华传统文化发展到最后一个封建王朝的高峰，其突出表现在当时对古代文化的系统化总结。最体现这样大规模总结气势的，是《古今图书集成》《四库全书》等空前的大百科全书的编辑和整理工作，从而形成了明清时代盛大的图书事业。

《古今图书集成》是现存最大的类书，清康熙年间陈梦雷奉敕纂修。陈梦雷早年受诬获罪被流放到盛京多年，曾在盛京主持编纂《盛京通志》。康熙三十七年（1698 年）九月，康熙巡视盛京，陈梦雷借机进献一首一百二十韵的七言排律《圣德神功恭记》。康熙帝赏其才华，特赦回京师，被任命为词臣、侍读。次年，入内苑，侍奉康熙第三子诚亲王允祉读书。

皇三子诚亲王允祉喜爱治学，延揽许多博学之士，编纂多种书籍。陈梦

《钦定古今图书集成》

雷的学问才识和人品深得允祉好感，允祉为他提供住所，让他住在允祉的赐园熙春园。这个熙春园的遗址现在就在清华大学院内。陈梦雷积极参与允祉的图书编纂活动，他关注的重点在中国传统典籍，认为现有类书，"详于政典，但资辞藻"，有许多缺点，因此决心编辑一部"大小一贯，上下古今，类列部分，有纲有纪"的大型类书。此事得到允祉支持，允祉在陈梦雷藏书的基础上又颁发"协一堂所藏鸿编"，还提供了补充文献、皇帝谕文、地方志书等，大大丰富了编书内容，并筹措了所需的经费。

自康熙四十年（1701 年）十月起，陈梦雷根据"协一堂"藏书和家藏图书共 15000 余卷，开始分类编辑。经过"目营手检，无间晨夕"的辛勤劳动，到康熙四十四年（1705 年）五月，终于编成大型类书《古今图书集成》。这是中国现存最大、搜集最博的大型类书。全书共 1 万卷，目录 40 卷，分历缘、方舆、明伦、博物、理学、经济 6 编；每编分若干典，全书共 32 典；每典又分若干部，全书共有 6109 部。该书内容繁富，区分详晰。所辑内容，往往整篇、整节抄录，不加删改，并详列出处。此书在编排体例上颇为严谨，分类序列，

166

层次分明，所辑资料无不逐项排比，系统性强，充分体现了类书"以类聚事"的特点。他在编此书时说："凡六合之内，巨细必举，其在十三经、二十一史，只字不遗；其在稗史、子、集，十亦只删一二。"全书总约1亿6千万字，分订5020册，装520函。其内容庞博，被后人称为"康熙百科全书"。

这部《古今图书汇编》初稿的编纂工作，是陈梦雷独自完成的。他在康熙四十八年（1709年）写给允祉的《进汇编启》一文中，详细记述了书稿完成的经过和对以后编辑工作的建议："自揣五十年来无他嗜好，惟有日抱遗编，今何幸大慰所怀，不揣蚊力负山，遂以一人独肩斯任……"

康熙五十五年（1716年），陈梦雷完成了送呈稿。康熙帝将《古今图书汇编》定名为《古今图书集成》，并开设"集成馆"，命允祉主持，陈梦雷具体负责编纂事务。集成馆有80人的工作队伍，做编校、誊写等工作。

康熙五十九年（1720年）左右，《古今图书集成》最后定稿。康熙帝恩准奖励纂修人员，并诏准用铜活字版正式开印，传旨印刷60部。到康熙六十一年（1722年），已印刷超过9621卷，占全书的96%，只剩下279卷未印。康熙六十一年正月，陈梦雷为康熙帝千叟宴所作七言诗说，万卷《古今图书集成》即将印完。他写道：

> 承恩五十有三年，旷典虞庠近御筵。
>
> 万卷书成传盛世，嵩呼圣寿永同天。

《古今图书集成》是陈梦雷一生最大的成就。《古今图书集成》与《永乐大典》《四库全书》为我国历代王朝规模最大的三部书，在古代文化史上占有重要的地位。《古今图书集成》刊印后，即受各方好评。清人张廷玉称："自有书契以来，以一书贯串古今，包罗万有，未有如我朝《古今图书集成》者。"

五 《四库全书》

《四库全书》是历史上最大的一部官修丛书，是明清文化发展的一件盛事。乾隆三十七年（1772），乾隆皇帝下诏征求天下藏书。是年正月，下诏征书说：

> 古今来著作之手，无虑数千百家，或逸在名山，未登柱史，正宜及时采集，汇送京师，以彰千古同文之盛。[1]

同年十一月，安徽学政朱筠借征书之机提议，校勘《永乐大典》，并将其中亡佚及不常见的古书，抽出缮写，各自为书。此提议深得乾隆嘉许，这直接促成了《四库全书》开馆纂修。"四库全书馆"以永瑢、纪昀等总裁编纂，以全国各地采集、进献、内府原藏、《永乐大典》、敕撰等方式汇集天下之书，历十年成书。

《四库全书》可以称为中华传统文化最丰富最完备的集成之作。《四库全书》共收书 3460 余种，79337 卷，36000 多册，分为经、史、子、集四部，故名《四库全书》。其中"经部"分为"易、书、诗、礼、春秋、孝经、五经总义、四书、乐、小学"10 类；"史部"分为"正史、编年、纪事本末、别史、杂史、诏令奏议、传记、史钞、载记、时令、地理、职官、政书、目录、史评"15 类；"子部"分为"儒家、兵家、法家、农家、医家、天文算法、术数、艺术、谱录、杂家、类书、小说家、释家、道家"14 类；"集部"分为"楚辞、别集、总集、诗文评、词曲"5 类。总共 44 类。

《四库全书》动用了庞大的编书队伍，从四库全书馆正式成立，到第一部书成，历任馆职者共 360 人，另外，担当誊写、装订等工作的有 3826 人。

---

[1] 中国第一历史档案馆编：《纂修四库全书档案（上册）·谕内阁著直省督抚学政购访遗书》，上海古籍出版社 1997 年版，第 1 页。

承德避暑山庄文津阁

鸿才硕学荟萃一堂，艺林瀚海，盛况空前。虽然由数千人抄写，但字体风格端庄规范，笔笔不苟，如出一人。为了保证进度，还规定了抄写定额：每人每天抄写 1000 字，每年抄写 33 万字，5 年限抄 180 万字。五年期满，抄写 200 万字者，列为一等；抄写 165 万字者，列为二等。按照等级，分别授予州同、州判、县丞、主簿等四项官职。发现字体不工整者，记过一次，罚多写 10000 字。由于措施得当，赏罚分明，所以《四库全书》的抄写工作进展顺利，每天都有约 600 人从事抄写工作，一天至少可抄 60 余万字。

　《四库全书》是成于众人之手的一部巨著，它对清以前的历代典籍进行

《钦定四库全书》封面

了系统的整理和全面的总结，对我国古典文献的保存与流传起到了积极的作用。

《四库全书》书成之后，乾隆皇帝下旨抄录七份，分贮于北京紫禁城文渊阁、圆明园文源阁、盛京皇宫文溯阁、热河行宫文津阁、扬州大观堂文汇阁、镇江金山寺文宗阁和杭州圣因寺文澜阁。文渊、文源、文津、文溯阁被称为"北四阁"或"内廷四阁"，文汇、文宗、文澜阁被称为"南三阁"或"江南三阁"。

乾隆四十七年春，第一部"文渊阁藏本"《四库全书》抄录完成，并正式入藏北京紫禁城文渊阁。一年以后，即乾隆四十八年春，第二部"文溯阁藏本"《四库全书》也全部抄录完成。

《四库全书》系乾隆时期由内府督办的精品写本，图书装帧十分精美，每册书函之外盛以特制的楠木书匣。全书所有卷册皆为软面包背装，各册封面采用不同颜色绢料以区别内容之不同，各依春、夏、秋、冬四季，"经部"采用绿色绢，"史部"采用红色绢，"子部"采用青色绢，"集部"采用灰色绢，

《钦定四库全书简明目录》盒装

而《四库全书总目》《四库全书考证》及《古今图书集成》则采用黄色绢。《四库全书》在内部装帧和版式设计上也十分考究，全书用纸均采用洁白坚韧的开化榜纸，书页的框界为朱色细栏，版心上栏题写"钦定四库全书"，页中题有各册具体书名，每种书卷之首冠以内容提要，每册在首、尾二页均钤有"文溯阁宝"和"乾隆御览之宝"玺印。全书虽有数万册之多，但各卷均以娟秀的工笔楷书细致缮写。

　　为了贮藏《四库全书》，乾隆还派杭州织造寅著前往宁波天一阁查看书楼建筑和书架款式，考虑参考天一阁的样式和营造经验，营造贮藏《四库全书》的藏书楼。寅著遵旨对天一阁做了实地考察，在奏章中详细报告了天一阁书楼的构造、书架的排列等情况，并且载明丈尺，绘图呈览。乾隆下旨仿天一阁建造文渊阁等"内廷四阁"，"阁之制一如范氏天一阁"，希望借鉴天一阁的设计使得《四库全书》能够安全保存。

　　承德避暑山庄内的文津阁是四库七阁中最先建成的藏书阁。乾隆有《月台诗》云："天一取阁式，文津实先构。"其诗注云：命仿浙江范氏天一阁之制，先于避暑山庄构文津阁。其主要建筑由门殿、假山、水池、藏书楼、花台、曲池、山石、月门等组成。《热河志》中写道："文津阁与紫禁、御园三阁遥峙，前为趣亭，东侧月台，西乃西山，盖仿范氏之成规，兼米庵之胜概矣。"

沈阳故宫文溯阁之东建有一座方形碑亭，盝顶翘脊，四角为曲尺形红墙，其间各有栏杆。亭正中置乾隆御制文石碑，正面文《文溯阁记》，满、汉文合璧书刻，是对文溯阁的兴建过程及命名的记载。乾隆皇帝在《文溯阁记》中谈到"北四阁"的立意，说：

> 四阁之名，皆冠以文，而若渊、若源、若津、若溯，皆从水以立义者，盖取范氏天一阁之为，亦即见于前记矣。若夫海，源也，众水各有源，而同归于海，似海为其尾而非源，不知尾同何泄，则仍运而为源。原始反终，大易所以示其端也。津则源穷之径而溯之，是则溯也、津也，实亦追源之渊也。水之体用如是，文之体用顾独不如是乎？恰于盛京而名此名，更有合周诗所谓溯洄求本之义，而予不忘祖宗创业之艰，示子孙守文之模，意在斯乎！意在斯乎！[1]

《四库全书》七书阁命名都是仿照天一阁。乾隆在《文源阁记》中云："藏书之家颇多，而必以浙之范氏天一阁为巨擘……阁之间数及梁柱数目尺寸，皆有精义，盖取'天一生水，地六成之'之意。"也指出了天一阁命名与建筑形制的关系。

---

[1] 中国第一历史档案馆编：《纂修四库全书档案（下册）·四十七年御制〈文溯阁记〉》，上海古籍出版社 1997 年版，第 2722 页。

第九章 古代的藏书事业

一 唐代图书的收集整理与宫廷藏书

中国是一个历史悠久的文明古国，有丰富的历史典籍和文献，这是中华文化得以持续传承不衰的基本保证。历代王朝都十分重视历史典籍和文献的收集、整理和保存。魏晋南北朝时期，图书用纸制作技术改善和逐步使用，逐渐代替木简，成为图书的主要形态，给图书的抄写和编纂带来了方便，使成本降低，促进了公私藏书的发展。这段时间也涌现出许多藏书家勤奋抄书、聚书的动人事迹。如南朝的沈麟士年过八十，每天抄书不辍，两三年后"卷满数十箧"。北朝的穆子容"录天下书，逢即手录，所得万余卷"。

公私藏书的发展也刺激了当时佣书业和贩书业的兴盛。一些佣书人和书贾以抄书、贩书为生，促进了书籍的流通。这一时期的藏书家数量增多，私家藏书在士大夫中间成为一种普遍的文化现象，藏书家个人藏书的数量大为增加。南朝著名的陆澄、崔慰祖、王僧儒、沈约、任昉、张缅，北朝的辛术、司马子瑞，藏书都过万卷，有的达到两三万卷。如沈约、萧纶等人则家藏两万卷，萧统、萧劢有书三万卷，梁元帝号称"自聚书来四十年，得书八万卷"（《金楼子·聚书篇》）。

有不少藏书家还将藏书供人借阅，如三国时期蜀国的向朗"开门接宾，诱纳后进"；西晋的范蔚有藏书7000余卷，"远近来读者恒有百余人，蔚为办衣食"。

当年北朝周武帝时，积累书籍已满 1 万卷，灭齐得新书 5000 卷。隋朝建立时，所收书籍仅 1.5 万余卷，"部帙之间，仍有残缺""至于阴阳河洛之篇，医方图谱之说，弥复为少"。隋灭陈后，又得一批江南图书。分散的书籍集中在朝廷，共有 3.7 万余卷，含重复本达 8 万卷。

隋朝两帝都曾大规模组织抄书，国家藏书至 30 万卷。隋朝建立后，文帝采纳牛弘建议，广泛征集儒学经典。每书一卷，赏绢一匹，校写

《唐太宗建弘文馆图》

完毕，原书归还本主，由此搜得不少异书。隋文帝又使人总集编次，称为"古书"。"选工书之士，补续残缺，写出副本，与正本同藏宫中"。隋炀帝时，又将儒学经典加以整理分类，分为甲、乙、丙、丁四组，分统于经、史、子、集四类，成为后来史籍分类的正统方法。炀帝将所有书藏于东都观文殿东西厢。东厢藏甲乙，西厢藏丙丁。殿后起二台，东为妙楷台，藏魏以来书家手迹；西为宝台，藏古画。

隋末动乱，典籍和文献遭到严重破坏。唐初，京师长安的皇家藏书"典

章湮散""先代之旧章，往圣之遗训，扫地尽矣"。高祖武德四年（621年），秦王李世民攻占洛阳。隋朝在东都的藏书和目录，都完整无损地保存下来。遗憾的是，这批书在水运赴长安时，经黄河砥柱覆舟，图书损失十之八九，目录亦被河水"渐濡，时有残缺"。这时，在长安嘉则殿的隋朝藏书有8万多卷，加上从东都水运残存的8000多卷，就是唐朝所得隋皇室藏书的总数。

唐自太宗至玄宗，也两次组织人力抄书，并设立修书院。隋唐时期藏书之盛，反映了当时文化发达的盛况，也促进了学术文化的发展。

唐太宗采取了很多措施，组织力量收集整理和研究古籍，其中见诸史籍记载的较大规模的组织工作共有4次。

第一次武德九年（626年），"于弘文殿聚四部书二十余万卷，置弘文馆于殿侧，精选天下文学之士虞世南、褚亮、欧阳询、蔡允恭、萧德言等，以本官兼学士"（《资治通鉴》卷一百九十二）。弘文馆学士掌"详正图籍"，实际上就是研究和整理古籍。弘文馆中还有校书郎"掌校理典籍，刊正错谬"。

第二次是贞观二年（628年），充实加强秘书省。秘书省是国家"掌邦国经籍图书之事"的常设机构。唐太宗授"通贯书术"的魏征为秘书监，"命魏征写四部群书"，并批准"魏征奏引学者校定四部书"（《旧唐书·魏征传》）。又"别置雠校二十人，书手一百人"（《旧唐书》卷一百九十《儒学》）协助整理。在魏征主持下，"数年之间，秘府图籍，粲然毕备"。经过系统整理，形成颇具影响的《隋经籍志》4卷，高宗时，录入《五代史志》，后编入《隋书》，称《隋书·经籍志》。

《隋书·经籍志》依隋朝《大业正御书目录》为底本，"其旧录所取，文义浅俗、无益教理者，并删去之。其旧录所遗，辞义可采，有所弘益者，咸附入之"。至于隋朝已亡而南北朝尚存之书，则以"梁有……今亡"的小注标明，可以了解隋朝以前图书流传的情况。在编排上，采取"离其疏远，合其近密，约文绪义"的办法，"各列本条之下"，也即按类编制。内容"疏远"者则"离"为不同的类别，内容"近密"者则"合"编在一起，然后对同一内容或同一体例的图书进行简要概括，叙其沿革、变化，指出每个部类与学术史的关系。在分类上，将全部图书划分为经、史、子、集四大部类，每一部类之下又分若干类。这一分类法，基本上被沿袭了千年之久。其经、史、子、集的四部分类，至今仍为我们编排古籍所遵循。

魏征改职之后，李世民又"令虞世南、颜师古等续其事"。让他们"请购天下书，选五品以上子孙工书者为书手，缮写藏于内库，以宫人掌之"（《新唐书》卷五十七《艺文志序》）。

第三次是贞观四年（630年），太宗命颜师古、孔颖达等组织整理五经，具体经过及成就已如前述。

第四次是贞观十三年（639年），太子"东宫置崇文馆"，馆内有校书二人，掌校整理宫中四库书籍。在东宫还设有司经局，是专门整理东宫经籍的机关。

经过几次大规模的整理，到玄宗时期，于大明宫光顺门外、东都明福门外皆创集贤殿，两者各聚书四部，以甲乙丙丁为次，列经、史、子、集四库，共有8万多卷。

集贤殿书院主要是一个刊辑编定经典，帮助帝王了解经典史籍的官方学术机构。集贤殿除了具有收藏整理图书、荟萃才俊、纂辑著述、侍讲顾问等职能外，还兼有聚徒设教的职能，有其特定的教学内容和教学对象。开元五年（717年），收集天下典籍，在乾元殿整理，设各种专职整理和管理人员。开元六年（718年），乾元殿更号丽正殿修书院，改修书官为丽正殿直学士，并于光顺门外亦设一丽正修书院。开元十三年（725年）大明宫光顺门外，东都明福门外两所丽正修书院均改为集贤殿书院。

唐开元十九年（731年）冬，玄宗临幸集贤殿之时，四库中经库有13752卷，史库有26820卷，子库有21548卷，集库有17960卷。天宝十一年（752年）

日本第十次派遣唐使来中国时，玄宗曾准许大使藤原清河等纵览府库之一切书籍，并开放装饰有三史九经之教殿，供其参观。

集贤殿书院藏书总数达八九万卷，这在当时是一个相当大的数字。同时又是当时中央最庞大的文人贤才荟萃之所，兼有国家图书馆和研究院的性质，并编修著译了《唐六典》《开元大衍历》《初学记》《大唐开元礼》等20多种著作，内容涉及经学、史学、目录学、典章制度、音乐、历法、类书、佛道、文选学、文集等门类。其中有不少是卷帙浩繁的典籍，编纂、校勘、抄写的工作量非常大，单靠学士与直学士若干人和修撰、校理官数人是难以胜任的，因此又配有"书直"及"写御书"100人。由于"直书"和"御书手"抄写的是皇家重要典籍，仅书法优美还不够，还须有一定的文化素养，掌握必备的文史知识，才不至于在校理抄写典籍的过程中出差错。

唐太宗还积极鼓励学官对经籍进行撰集和注释。太宗因"少尚威武，不精学业，先王之道，茫若涉海"，命魏征与虞世南、褚亮、萧德言等编选一部"务乎政术、存乎劝戒"的选本。贞观五年（631年）九月，编辑完成，总共50卷。太宗称赞说："览所撰书，博而且要，见所未见，闻所未闻。"同时，敕皇太子诸王各传一本。史家多称："古籍之精华，略尽于此。"后来魏征又撰成《类礼》50篇20卷。国子博士徐文远撰《左传义疏》60卷，国子博士陆德明撰《老子》15卷、《易疏》20卷、《经典通释》30卷，并行于世。许叔牙撰《毛诗纂义》10卷。

唐代的私人藏书也很发达，不少都在万卷以上，有明确文献记载者达20余人。唐代还有了私人藏书楼这种建筑，如唐后期李泌为宰相，"构筑书楼，积至三万余卷"（王应麟《困学纪闻》卷十）。田弘正"于府舍起书楼，聚书万余卷"（《旧唐书·卷一百四十一》）。还有李沈在江夏建万卷书楼，徐寅在莆田建万卷楼，白居易作池北书库，孙长儒为楼以储书。藏书室有命名，大概也是唐代开始的。[1] 有人为了保护图书，反对将藏书外借。如唐代藏书家杜暹聚书万卷，他在每部书题上"家训"："清俸买来手自校，子孙读之知圣道，鬻及借人为不孝。"

二 宋代宫廷的图书收藏

北宋重文抑武使得社会上逐渐形成了浓厚的读书之风。宋太祖认为帝王将相的后代都要熟读经书，知道治国的道理，他不但自己爱读书，并且要求大臣们也重视读书。宰相赵普"初以吏道闻，寡学术，上每劝以读书，普遂手不释卷"。他还命令武官尽可能地读书，学习治世之道。图书文化事业的繁荣，为教育的发展普及创造了有利的条件。当时的国子祭酒邢昺指出："臣少时业儒，观学徒能具经疏者百不一二，盖传写不给。今（雕）板大备，士庶家皆有之，斯乃儒者逢时之幸也。"（《宋史·邢昺传》）

宋初崇尚文治，重视图书文化事业。由皇帝到大臣、士大夫、文人，自上到下都热衷于书籍的搜集、收藏。宋建国初，因袭唐制，设立三馆（昭文馆、史馆、集贤院），收藏图书12000余卷。攻下蜀国、江南等地后，又得蜀书1.3万卷，江南书2万余卷，还将两地的印版也收归中央。宋太祖乾德四年（966年）八月，诏求亡书。凡献书者，经学士院考试吏理，凡堪任职官者，多委官任职，或赐以科名。得献书1228卷。

太宗时更重视图书的收编和收藏，把访求图书典籍视为国家"致治之先，无以加此"。太平兴国三年（978年）另建三馆书院，赐名崇文院，正副本藏书总数达8万余卷。淳化三年（992年）建秘阁，专门收藏三馆正本及古画墨迹。秘阁建成后宋太宗亲书赐额，幸阁视察，并召武将观书，以使武臣知文儒之盛。

---

[1] 范凤书：《中国私家藏书史》，大象出版社2001年版，第39页。

此后历朝皇帝对书籍的收集和整理也都十分用心。真宗晚年又建天章阁，收藏太祖、太宗御集，为两宋历朝皇帝所因袭。

国子监是重要的图书印制、收藏场所。宋初国子监藏书不过 4000 卷，到宋真宗景德二年（1005 年），阅书库中藏书已达 10 余万卷，45 年间增加了 25 倍。图书文化事业的繁荣，为教育的发展普及创造了有利的条件。

宋代国家藏书事业出现前所未有的兴盛局面，并由此带动和影响了其他三大藏书系统（书院、寺观和私人藏书）的飞快发展。

金兵攻陷东京后，北宋历朝所收藏的书籍毁于一旦。南宋建立后，高宗即下诏搜集亡书。孝宗淳熙五年（1178 年）编的《中兴馆阁书目》，收书 44486 卷。宁宗嘉定十三年（1220 年）编的《中兴馆阁续目》，又得 14943 卷。南宋时期，由于刻书事业很发达，当代著述多，所以藏书比北宋尤丰。《宋史·艺文志》著录图书 9810 部，119972 卷，在数量上大大超过以前各代。

宋代还有馆阁的"曝书"活动。馆阁曝书，是一场规模盛大的图籍玩好展览。"曝书会"由朝廷出资，并赏赐佳肴典册，体现了宋朝对儒臣的优待。曝书活动"宴舫更盛华林会，坐客咸推大厦才"，为宋人的交往游从提供了一个很好的机会，次韵相酬、同题共作，赏画鉴帖，切磋论艺，增进了情感交流。正所谓"盛世年年事，新篇莫厌供"，不但激发了文人的创作情思，也感染了文人的艺术情趣。

宋《景德四图》之《太清观书图》

三 宋代私家藏书

我国私人藏书始于西周后期。春秋时期，私人讲学兴起并逐渐兴盛。从汉朝到宋朝的一千多年间，每有战乱，例如魏晋南北朝地方割据、隋末起义、安史之乱等，京城都邑的变迁使得官府的藏书大多散佚，有的几乎焚毁殆尽。私人藏书却可避战乱而迁移，故损失较小。

宋代私人藏书有了空前的发展。宋代是我国官私藏书事业繁盛发展的时期，藏书数量超越了历史上藏书量的总和。私家藏书远胜于唐，藏书家数量也空前庞大，这些藏书家或广建楼阁，或辟室设斋庋藏典籍。

宋代刻书业发达，书籍品种多，价格低廉，给私人藏书提供了方便。上自宗室公卿，下至四方士民，私家藏书蔚然成风。当时仕宦"稍显者"，家必有书数千卷。据周密《齐东野语》记载，藏书二万卷以上者有数十家，仅浙江湖州一地，拥书数万卷的藏书家就有七八家。

宋代出现了许多著名的私人藏书家。宋真宗朝的儒臣钱惟演，家储文籍侔于秘府。赵安仁所得禄赐，多以购书，家藏书籍有许多是三馆书库所缺的版本。宋绶、宋敏求父子是著名的藏书家，父子两代藏书积至3万卷。宋敏求不仅藏书，也经常校勘书籍，其家藏书大多校三五遍，故当时人藏书都以他的书为善本。北宋藏书家楼钥，人称其"自六经至百家传记，无所不读"，家中藏书万余卷，藏书楼名"东楼"。苏颂是宋代有名的学者及私藏家。苏颂之孙苏象先称："传写秘阁书籍，每二千言，归即书于六册。家中藏书数万卷，秘阁所传者居多。"眉山"孙氏书楼"自唐代移来四川即有藏书，一直到宋末藏书楼尚在，足可见其藏书之富。

宋代私人藏书家大多是大学问家或大文学家，他们藏书丰富。据南宋末周密《齐东野语》中所列举的宋代藏书丰富的20多家中，多者藏书达5万多卷，超过了秘府。据台湾潘美月《宋代藏书家考》一书所载，宋代全国有藏书家 128 人。两宋时期，全国私人藏书家中藏书逾 4 万卷的有 8 人，其中浙江就有 4 人，占了一半，他们分别是：贺铸藏书至 10 万卷，叶梦得藏书 10 万卷，陈振孙藏书 5.1 万余卷，周密藏书 4.2 万卷。

宋代浙江还涌现了沿袭三世的藏书世家：山阴陆宰、陆游、陆子遹三世藏书累积达数万卷。绍兴十三年（1143 年）诏求天下遗书，陆宰献呈的就有 1.3 万余卷。陆游在一首诗中说："我生学语即耽书，万卷纵横眼欲枯。"晚年归隐山阴，书斋名"老学庵"。明州史浩、史弥大、史守之三世藏书，史家与楼钥并称为当时浙东藏书大家，"南楼北史"，历来为人们所称颂。湖州周珌、周晋、周密三世藏书，冥搜极讨，不惮劳费，藏书达 4.2 万余卷。

古代藏书家向来推崇一种好的传统，就是把藏书作为"传薪"的手段，并以亲自为传递知识出力而自豪。苏轼在《李氏书房藏书记》中记载北宋早期私人藏书家李常"藏书凡九千余卷"。为了使藏书发挥较大的作用，提供给后来者"无穷之求，而各足其才分之所当得"，他把所有私人藏书献出，置于公共场所，供人阅读。南宋南阳公将一生收藏 2 万余卷，不传亲子，而转交他人托管。南阳公说："某老且死，有平生所藏书，甚秘惜之。顾子孙稚弱，不自树立。若其心爱名，则为贵者所夺，若其心好利，则为富者所售，恐不能保也。今举以付子，他日期间有好学者归焉。不然，则子自取之。"〔见晁公武《郡斋读书志》（自序）〕书是珍爱之物，是财富，但这笔财富不必私人独占，也未必遗传亲子。藏书传学授业，赠予同好，物尽所能，胜于亲子之情。

有些藏书家不仅善于藏书，还开始编纂图书目录，对藏书进行记载，这种做法有利于藏书的保管和流传。南宋著名藏书家晁公武出身书香世家，少承家学，浸耽群书。他在为井度属官期间，曾帮助井度编书、刻书，与其结下了深厚友谊。井度罢官后，将藏书 50 箧赠予晁氏。他以井度赠书为基础，结合自己原来的收藏，"除其重复，得二万四千五百卷有奇"。绍兴

181

二十一年，又在知荣州任上，利用"三荣僻左少事"的闲暇，"日夕躬以朱黄，雠校舛误，终篇辄撮其大旨论之"。晁公武创作的《郡斋读书志》20卷，是我国现存最早的、具有提要内容的私藏书目，对于后世目录学影响很大。收录图书1492部，基本上包括了宋代以前各类重要的典籍，尤其是唐代和北宋时期的典籍更为完备。

赵希弁博学好古，家中累三世藏书，典籍甚富。他两次参与《郡斋读书志》的刊刻工作，对这部目录的校勘和传布作出了重要贡献。淳祐九年（1249年），宜春郡守黎安朝重刊晁公武《郡斋读书志》，嘱赵希弁代为校正。赵氏以所藏书勘对晁氏书目，将晁氏未载者，或详略不同者分类著录，仿晁氏体例，撰为《读书附志》1卷。合《郡斋读书志》4卷一并刊刻，世称"袁本"。同年，游钧在衢州重刊《郡斋读书志》20卷本，是为"衢本"。希弁取衢本多于袁本的内容，编成《读书后志》2卷；又校原刻4卷与衢本差异，撰《二本四卷考异》附于篇末，于次年补刻刊行。至此，袁本增至7卷，由前志4卷、后志2卷、附志1卷组成。他的《读书附志》共收书469种，除少数与晁氏书目重复外，大部分为南宋高宗、孝宗、光宗、宁宗朝时典籍，正可以视为晁氏书目的续编。

陈振孙为南宋大藏书家、目录学家。陈振孙前后任职的浙江、江西、福建都是当时图书事业比较发达的地区，因此他每到一地都不辞辛苦地向当地学者、藏书家求教，购买和传录典籍，从而大大丰富了自己的收藏，达5万余卷。经过数十年心营目识和材料的积累，他把自己对于典籍整理研究的心得，按晁公武《郡斋读书志》的形式，撰成私家藏书目录《直斋书录解题》56卷。全目共著录图书3039种，51180卷，藏书数量超过南宋政府《馆阁书目》所著录的44486卷。全书说明创目的内容、范围和数目演变，著录书名、卷数和学术渊源，记录著录版本、款式和得书经过，不仅在数量上，而且在质量上优于官修书目。

四　明代藏书之盛

　　明朝继承了历代王朝重视收藏图书的传统。早在明太祖时，就初步建立了明代官府藏书体制，尽藏宋、辽、金、元的国家藏书。明成祖派员访求，募购天下书籍，他还常到便殿阅览图书。明成祖曾经说："士庶家稍有余资，尚欲积书，况朝廷乎！"还说："置书不难，须常览阅乃有益。凡人积金玉欲遗子孙，朕积书亦欲遗子孙。金玉之利有限，书籍之利岂有穷也！"明朝迁都北京后，建文渊阁，皇家藏书续有增加。正统六年（1441 年），杨士奇等人清点文渊阁藏书，编《文渊阁书目》，收书 7000 余种，43200 册。到了仁宣时期，"秘阁贮书二万余部，近百万卷，刻本十三，抄本十七"。

　　明代私人藏书大为盛行，藏书家辈出。我国古代的私家藏书源于春秋战国时期而盛于明清。据有关文献统计，宋元两代藏书家各为 84 人和 35 人，而至明代陡增到了 427 人，仅浙江一省就有 80 多位。明代著名的藏书家有高濂、杨士奇、叶盛、杨循吉、李开先、王世贞、赵琦美、毛晋、祁承㸁等人，皆藏书数万卷，有的达 10 万卷以上。明代最著名的藏书家是范钦，他建的天一阁藏书楼是我国现存最古老的藏书楼，内中藏书是成批保存下来的最古老的私家藏书。

　　明人藏书，特别重视古籍的收藏，尤其喜爱宋版书。他们给予宋版书很高的评价。高濂在《遵生八笺》中称："宋之刻书，雕镂不苟，校阅不讹。书写肥细有则，印刷清朗。"又说："宋人之书，纸坚刻软，字画如写。"文震亨在《长物志》中说："藏书贵宋刻，大都书写肥瘦有则，佳者有欧、柳笔法，纸质匀洁，墨色清润。"宋版书的珍贵不仅在于校雠精审，还在于其文字刻印清朗大方，具备极高的艺术内涵。万历十八年（1590 年）的端午节，罗文瑞在友人处看到了宋代周密所著《草窗韵语》，便提笔在护叶上赞道："有此宋版佳刻，世所罕见，当为法帖中求也。"谢肇淛在《五杂俎》中说：

"书所以贵宋板者，不惟点画无讹，亦且笺刻良好，若法帖然。"以书籍为法帖，反映了晚明文人开始用一种全新的艺术眼光看待书籍，除了内容之外，书的视觉形式和美学价值也格外重要。

据说嘉靖年间，华亭有个叫朱大韶的文人，性好藏书，对宋版书更是情有独钟。为了得到宋椠袁宏《后汉纪》，竟不惜以自家美婢交换。婢女临行前题诗于壁上说：

> 无端割爱出深闺，犹胜前人换马时。
> 他日相逢莫惆怅，春风吹尽道旁枝。

朱大韶读了诗方醒悟，自己失去的不仅是个美女，还是位才女，悔恨莫及，怅怅而终。

钱谦益为了筹资建造绛云楼给爱妾柳如是居住，忍痛将自己珍藏的宋版《汉书》售与谢象三。与此书相别之日，他写下一通跋语表明心迹：

> 赵文敏家藏前、后汉书，为宋椠本之冠，前有文敏公小像。太仓王司寇得之吴中陆太宰家。余以千金从徽人赎出，藏弆二十余年，今年鬻之于四明谢象三。床头黄金尽，生平第一杀风景事也，此书去我之日，殊难为怀。李后主去国，听教坊杂曲"挥泪对宫娥"一段，凄凉景色，约略相似。

这部《汉书》是元代赵孟頫旧藏本。王世贞曾以一庄为代价换得此书，后又被钱谦益辗转以千金购得。钱氏甚爱此书，20多年日日焚香礼拜，在不得已割舍此书之日，心中凄凉苦楚竟如同李后主亡国时一般。

收藏古籍的风气盛行，出版业和图书市场的繁荣，催生了一大批藏书家和众多藏书楼，成为明代一道文化景观。

在晚明的藏书家中，祁承㸁很有名，号称藏书"富甲江左"。祁承㸁是万历三十二年（1604年）进士，曾任山东、江苏、安徽、河南等地地方官，官至江西布政使右参使。他乐于汲古，藏书极富。初建"旷园"于梅里，另建藏书楼名"澹生堂"，又辟"旷亭"于游息之所。他认为："夫余之嗜书，乃在于不解文义之时，至今求之不得其故，岂真性生者乎？昔人饥以当食，寒以当衣，寂寥以当好友，余岂能过之？第所谓胸中久不用古今浇灌，便尘俗生其间。照镜则面目可憎，对人则语言无味，殆为是耳。"这是祁承㸁对书的理解，也是对人生的感悟。

万历四十一年（1613年），祁承㸁家居时作《读书志》1卷，是其检阅藏书后写下的有关藏书总结性的文字。其中《整书例略》部分，是有关图书分类的论文。他提出的收书要点是"眼界欲宽，精神欲注，心思欲巧"。他举自己收书的实例来加以说明，又罗列古今藏书家的故事激励子弟。这1卷《读书志》可以算得上是系统论及藏书的开山之作。

祁承㸁还说："大约觅书如觅古董，必须先具赏鉴，乃可称收藏家。若只云漫尔收藏，则箧中十九皆赝物矣，虽多奚为？"他主张以《文献通考》和《艺文志》所载者为第一格，著述中又应以表章九经者为第一格，"次之则记载前代治乱得失事，再次之则考证古今闻见所未及事"。他对诗文集评价不高，但说汉、唐、宋、元人集亦应珍重，"故弟于文集中，凡宋元人遗稿，倘得寓目，亦无不抄录而存之。盖文集一事，若如今人所刻，即以大地为书架，亦无可安顿处。惟听宇宙之所自为消磨，则经几百年而不消磨者，自有一段精彩，不可埋没者也"。

祁承㸁说他自己特别看重的是史书，他回忆少年时的故事："然性尤喜史书，生欲得一全史，为力甚艰。偶闻盱江邓元锡有《函史》，隐括颇悉。郭相奎使君以活版模行于武林者百许部，一时竞取殆尽。遂亟渡钱塘，购得其一，惊喜异常，不啻贫儿骤富矣。"

祁承爜很早就有著述的志向，也大抵是属于史部的居多。在南京时有《与管席之》一书，其中说："白下山川自佳丽，寒暑自寂寞，惟堪闭门读书，自快蠹鱼之癖。日来喜阅古人嘉言懿行，意欲自三代至国朝，将名哲品格之可采者，辑为《古今范》，勒成一书，藏之名山，吾意足矣。但业须遍索之正史稗史之间，偶于记闻得数种，皆此中藏书家所绝无者。或宅上邺架中一检，不妨借阅。录竟即专人函璧。"

为了著书而向人借书，借得以后即抄成副本，澹生堂的抄本书，就是这样陆续积累，终于成为巨观的。大约他每移一地任职，总是要搜访遗书，借抄收藏，这是澹生堂藏书的一个重要来源。他抄的书，多为世人未见之本。版刻精湛，纸墨优良，版心有"澹生堂抄本"5字，为后世藏书家所重。

祁承爜声明在他自己生时，要每月增添藏书的种类，对子孙则只要求每年增加若干种。还详细制定了藏书楼的规则，但他似乎也感到无论如何细心规划，藏书是否能守而勿失也还是未知。他说："至竭力以守，而有非尔辈之所能守者，夫固有数存乎其间矣。"没有多久，明清易代，祁家随之没落，所藏之书四散了。

嘉兴人自古"好读书，虽三家之村必储经籍""田野小民皆教子孙读书"。早在北宋时期就出现了藏书万卷的私人收藏家赵衮。明代是嘉兴私家藏书的鼎盛时期，藏书家、藏书楼遍布广阔的城镇乡村，同时出现了一大批声震全国、誉满中华的藏书大家和藏书名楼。

嘉兴籍藏书家人数众多，身份涉及官员、商人、学者、布衣等社会各个阶层。著名的藏书家有嘉兴的沈启原、项元汴、项笃寿、高承埏、周履靖、冯梦祯、包柽芳、李日华、陈邦俊、姚北若、沈嗣选、蒋之翘、王志和、俞汝言以及汪继美、汪砢玉父子，海盐的胡彭述、胡震亨父子，平湖沈懋孝、海宁许相卿、周明辅、祝以豳、陆钰等。

项元汴之兄项笃寿，嘉靖四十一年进士，授刑部主事，历兵部郎中，仕终广东参议。每见秘籍，随时雇请抄手过录，并贮之"万卷楼"。藏书印有"浙西世家""少溪主人"等20余方藏书印。著有《小司马奏草》《今献备遗》《全史论赞》等。项笃寿之子项梦原，官至刑部郎中，藏书楼名为"宛委堂"。他在图书的收藏和图书的刊刻上，继承父亲的遗志，并进一步发扬光大；在书画的收藏上深受叔父项元汴的影响，藏有许多历代名迹巨绘。著有《宋史偶拾》《石门避暑录》《项氏经笺》等。项笃寿父子精于刻书，是叶德辉《书林清话》卷五《明人刻书之精品》所列全国26家中的两家。

五　明代藏书楼天一阁

在明代藏书楼中，最著名的是宁波的天一阁。天一阁是中国现存最早的私家藏书楼，也是亚洲现有最古老的图书馆和世界最早的三大家族图书馆之一。另外两个分别是意大利贵族马拉特斯塔1452年在意大利北部的切泽纳设立的"马拉特斯塔图书馆"，和15世纪意大利佛罗伦萨的统治者柯西莫·美第奇与其孙洛伦佐·美第奇建立的"美第奇家族图书馆"。

天一阁是明朝嘉靖年间兵部右侍郎范钦所建的私家藏书楼。范钦是嘉靖十一年（1532年）进士，任湖广随州知州，迁工部员外郎。他在任工部员外郎时，因揭发贪污巨款的武定侯郭勋，反遭廷杖，下诏狱。后外放任江西袁州知府，他敢于同皇帝宠臣严嵩之子严世藩碰硬，阻止其圈占公地建造私宅。此后先后任广西参政、福建按察使、陕西左使、河南副都御史。最后因政绩和军功皆著，官至兵部右侍郎。范钦与张时彻、屠大山被称为"东海三司马"。范钦正意欲宏图大展之时，孰料遭御史弹劾，于嘉靖三十九年（1560年），回籍听勘。范钦晚年在《自书诗翰卷》中的《有车篇》表示："人心险巇不可测，戈矛只在谈笑间。昔为猛虎步，今为羝羊藩，使我不得舒心颜。"这些语句诉说着对官场和人际关系的感慨。在辞世前夕所作的《自赞》中，称"肮脏宦海"，更是看透仕途险恶。

范钦酷爱典籍，为官多年，每至一地，广搜图书。平生所藏各类图书典籍达 7 万余卷，尤以方志、政书、科举录、诗文集为特色。范钦同邑另有位藏书家丰坊，范钦与之交往甚善，并常去丰坊的万卷楼借阅抄录。后万卷楼不幸遭受火灾，丰家无意续藏，劫余之书多让归范钦。范钦最早的藏书楼名为"东明草堂"。面对数万卷藏书，致仕后的范钦亟须改进藏书楼的设施，于是便有了兴建一栋藏书楼的想法。天一阁建阁的时间没有明确记载，清初浙东学者李邺嗣在《甬上耆旧诗·范大澈传》中称，"初，司马公归里，于宅中起天一阁"。范钦去官回乡的时间是嘉靖三十九年（1560 年）冬天，建造书楼当在此后进行。

天一阁坐落于宁波城西月湖之畔。藏书楼坐北朝南，为一座两层的重檐硬山顶建筑，简而言之就是"天一地六"，上层一个通间，下层面阔面六间。书内夹有用来驱逐蠹鱼的芸香草，橱下放置吸收潮气的萤石。书阁前后开窗，并有长廊相互沟通。山墙作半月形，白墙黑瓦，西墙特别高大，与住宅区分开，可以封挡周边火灾的蔓延。楼前建有天一池，池水与月湖相通，终年不涸，池旁堆山砌石。及至范钦曾孙范光文时，在天一阁前构筑池亭，并在四周环植竹木。整体建筑既考虑到引水蓄水的实用功能，又营造出一种人文气息浓厚、朴素雅致的江南园林景致氛围。

范钦将新藏书楼命名为"天一阁"。中国古代建筑大都为木结构建筑，藏书阁和书籍最怕的就是火，自古毁于火灾的藏书楼不胜枚举。"天一阁"之名，不仅仅是望文生义得"天下第一阁"之意，其名取自《周易》"天一生水"，郑玄《易经注》云："天一生水于北……地六成水于北，与天一并。"暗含以水克火、以水防火之意。全祖望在《天一阁碑目记》中说过："阁之初建也，凿一池于其下，环植竹木，然尚未署名也。及搜碑版，忽得吴道士龙虎山天一池石刻，元揭文安公所书，而有记于其阴，大喜，以为适与是阁凿池之意相合，因即移以名阁。"龙虎山是中国道教名山，山上凿有天一池。范钦在江西多地辗转为官，曾多次到过龙虎山，可能在那时搜集到了天一池碑帖。

范钦不仅为藏书阁起了这样一个很有内涵的名字，而且将这种理念表现在建筑形制、彩绘纹饰以及书架设计、数目尺寸等方面。如其书阁为上下两层，上层一个通间，取意"天一"，下层六个开间取意地六，以合"天一生水，地六成之"之义。天一阁还修建有天一池,阁四面临水，为古代藏书楼建筑典范。

范钦藏书中以明代人著述或者编纂刻印的图书为主，反映了范钦偏好"时人之作""下邑陋志""三式之书"的志趣。在天一阁藏书中，明代地方志和科举录因为多系孤本，且收藏量丰富，故被视作天一阁的镇阁之宝，备受学术界推崇。如《军令》《营规》《大阅览》《国子监监规》《武定侯郭勋招供》等官书，属当时的"内部资料"，一般藏书家即便有意收藏，也绝非轻易可以觅得。范钦还依托天一阁丰富的典藏资源，进行一些著述、编书和刻书等活动，编辑了自选集《天一阁集》以及《范氏奇书》等书籍。

范钦也常常邀集当地的名士到天一阁饮酒谈诗。他在《上元诸彦集天一阁即事》诗中写道：

> 阆城花月拥笙歌，仙客何当结轸过。
> 吟倚鳌峰夸白雪，笑看星驾度银河。
> 苑风应即舒梅柳，径雾含香散绮罗。
> 接席呼卢堪一醉，何来心赏屡蹉跎。

据全祖望《天一阁藏书记》载，范钦去世前，将家产分为藏书和其他家产两部分。长子范大冲自愿放弃其他家产的继承权，而继承了父亲收藏的7万余卷藏书。范大冲继承管理"天一阁"藏书，制定诸条保管法则及入阁观书规定，约同有子孙共同管理，凡阁门及书橱钥匙分各房兄弟掌管，非各房钥匙齐集，不得开锁。并以"借人为不孝"之条律加以约束，管理甚严。范钦在阁前立碑铭刻禁令："子孙无故开门入阁者，罚不与祭三次；私领亲友入阁及擅开书橱者，罚不与祭一年；擅将藏书借出外房及他姓者，罚不与祭三年；因而典押事故者，除追罚外，永行摈逐不得与祭。"至此，"代不分书，书不出阁"的条律，使"天一阁"藏书保存达数百年之久。清康熙年间，天一阁藏书最为丰富，藏书达到5000余部，7万余卷。

康熙十二年（1673年），大学者黄宗羲来到当时的鄞县。他的大名足以令范氏的子弟敬仰，结果破例获准登楼阅读天一阁藏书，成为第一个进入天一阁的外族人。黄宗羲在天一阁翻阅了全部藏书，把其中流通未广者编为书目，康熙十八年（1679年），黄宗羲作《天一阁藏书记》，赞扬"范氏能世其家，礼不在范氏乎？幸勿等之云烟过眼，世世子孙如护目睛"，并发出"读书难，藏书尤难，藏之久而不散，则难之难矣"之感叹。

以后，天一阁还接待了万斯同、全祖望、钱大昕、阮元、童槐、薛福成等知名学人前来查阅文献、抄书编目。

天一阁在中国的藏书史乃至文化史上都占有极为特殊的地位。清代乾隆、嘉庆时期的学者阮元说："范氏天一阁，自明至今数百年，海内藏书家，唯此岿然独存。"

六 清代藏书

中国古代藏书到清代达到鼎盛时期。清代皇家藏书极为丰富，达到我国古代藏书事业的顶峰。皇家宫廷藏书楼，有内阁大库、昭仁殿、国史馆、皇史宬、武英殿、方略馆、实录馆、会典馆、五经萃室等多处。"天禄琳琅"是清廷收藏善本珍籍的专门书库，所处的昭仁殿位于乾清宫东侧，原是康熙皇帝读书起居之处。乾隆皇帝即位后将宫中珍稀古籍聚于昭仁殿，并赐名"天禄琳琅"。

《乾隆帝秋景写字图》轴　清宫廷画家绘　故宫博物院藏

　　乾隆四十年（1775年），大臣于敏中、王际华、彭元瑞等十人受命整理入藏昭仁殿的善本书籍，编成《天禄琳琅书目》，总共著录善本书429部。嘉庆二年（1797年）昭仁殿遭遇火灾，"天禄琳琅"所藏书籍被焚毁。后来嘉庆皇帝重建"天禄琳琅"，重新汇集善本精华于昭仁殿，昭仁殿藏书更为丰富。

　　清代私人藏书量也非常大，有许多嗜好藏书的学者文人，如明末清初的常熟人钱谦益。曹溶在《绛云楼书目题词》中记载他的藏书"尽得刘子威

（凤）、钱功父（允治）、杨五川（仪）、赵汝师（用贤）四家书，更不惜重赏购古本，书贾奔赴捆载无虚日，用是所积充牣，几埒内府……入北不久，称疾告归，居红豆山庄，出所藏书重加缮治，区分类聚，栖绛云楼上，大椟七十有三"。钱谦益族孙钱曾，家有述古堂、也是园，多藏宋元善本。他在《述古堂书目自序》中说："竭予二十余年之心力，食不重味，衣不完彩，摒当家资，悉藏典籍中。如虫之负版，鼠之搬姜，甲乙部居，粗有条理……然生平所酷嗜者，宋椠本为最。"

山东新城人王士禛，顺治十二年进士，家有池北书库，为藏书之所。王士禛一生勤奋，"俸钱所入，悉以购书"。为官不废读书创作，著述等身，有《王渔洋遗书》数十种。

像钱谦益、王士禛这样的藏书人，有清一代，有明确史实记载的、藏书达 5000 卷以上的已超过 3000 人。

清代的私人藏书，以"四大藏书家"最为著名，是清朝末年蔚然壮观的藏书习惯形成的最为著名的四大书籍收藏家及其藏书楼，分别为常熟瞿氏铁琴铜剑楼、山东杨氏海源阁、归安陆氏皕宋楼、钱塘丁氏八千卷楼，史称"清末私人藏书四大家"或"晚清四大私人藏书楼"。有一首诗写道：

> 琴剑飘零百宋空，八千卷散海源同；
>
> w 峥嵘一阁留天壤，文献东南此大宗。

诗中所提就是晚清南北四大藏书楼。其中以瞿杨两家所收藏的宋元刻本和抄本书为最多，因之又有"南瞿北杨"的美称。

"铁琴铜剑楼"位于历史文化名城常熟古里镇，是清代四大私家藏书楼之一。始建于清乾隆年间，建筑面积 285 平方米。原名"恬裕斋"，创始人瞿绍基。瞿氏五代藏书楼主都淡泊名利，以藏书、读书为乐。瞿氏第二代，绍基之子瞿镛，生活于清嘉庆至咸丰年间。他对鼎彝古印兼收并蓄，在金石古物中，瞿氏尤为珍爱一架铁琴和一把铜剑，"铁琴铜剑楼"由此得名。瞿镛的"铁琴铜剑楼"广收常熟前辈藏书家钱谦益、毛晋的故物，以及清代张金吾爱日精庐、汪士钟艺芸书舍的善本，藏书达10余万卷，多为乡邦文献。而且精品很多，有宋本173种，金本4种，元本184种。翁同龢《题虹月归来图》说："瞿氏三世聚书，所收必宋元旧椠，其精者尤在经部，乾、嘉以来，通人学士多未得见。龢尝戏谓镜之昆弟，假我二十年日力，当老于君家书库中矣。"

山东聊城的"海源阁"，为清道光二十年（1840年）进士杨以增所建，珍本书主要得之于黄丕烈等藏书家，很多是孤本、秘籍。其子杨绍和生活于清道光至光绪年间，曾任礼部郎中、翰林院侍讲。杨绍和继承父志，拓展"海源阁"藏书，他在京为官时收得宗室怡府"乐善堂"的一批善本。至清末，"海源阁"藏书已达3236种，计208300卷有余，其中宋元珍本逾万卷。杨氏第四代人杨保彝编著《海源阁宋元秘本书目》及《海源阁书目》。

湖州的"皕宋楼"为陆心源所建。陆心源生活于清道光至光绪年间，历任道员、盐运使。年轻时就喜好藏书，他收藏的宋元珍本，来自上海郁松年的宜稼堂。此外，他还搜罗许多江浙故家的藏书，使藏书总数达15万卷以上，号称收藏宋版200部。李宗莲《皕宋楼藏书志序》说："十余年来，凡得书十五万卷，而坊刻不与焉。其宋元刊及名人手钞手校者，储之皕宋楼中。若守先阁，则皆明以后刊及寻常钞帙。"陆心源身后，其子陆树藩不能守业，于光绪三十二年（1906年）将陆家藏书以10万两银子的价格售予日本岩崎氏静嘉堂文库，称"皕宋楼事件"。

杭州的"八千卷楼"为丁丙所建，其生活于清道光至光绪年间。他和兄长丁申一起藏书，时称"二丁"。丁家藏书有家传渊源，自其祖父时就构建"八千卷楼"藏书。丁氏兄弟在其祖父丁国典、其父丁英藏书的基础上访求图书，或购或抄，在将近30年间，聚书1.5万多种，20余万卷。"八千卷楼"

藏书达 20 万卷，有宋元本 200 余种。明刻精本、《四库全书》底本、名人稿本和校本、日本和朝鲜所刻汉文古籍等较多，而且其中很多都曾为明清藏书家所递藏。丁氏后人将藏书以 7.5 万两银子售予官府，清廷在此基础上建立了南京图书馆的前身江南图书馆。胡凤丹《嘉惠堂藏书目序》说："慨振绮诸家所藏渺不可得，即天一范氏，胜国所遗，合族所守，亦荡焉渺焉。念斯文坠地之厄，发覆篑为山之思，以阁目为本，以附存为翼，节衣缩食，朝蓄夕求，远至京师，近逾吴越，外及海国，或购或钞，随得随校，积二十年，聚八万卷，视阁目几及九成，较楼额已逾十倍。"

丁氏兄弟不仅继承先辈事业，而且对公家藏书也非常关心。杭州文澜阁《四库全书》因太平军作战而流散，丁氏兄弟发现后便四处寻检收集，后又雇人抄补残缺，历经十几年，基本上恢复了文澜阁《四库全书》的旧貌。